어서와! 영어

교육부 지정 초등 필수

영단어 800

활동책

어린이영어교육연구회 지음

서사원주니어

Contents

Chapter 1

1 │ 가족이에요

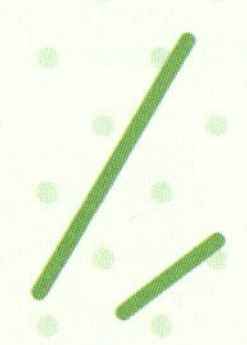

WORD BANK

| grandfather | grandmother | father | mother | uncle |

| aunt | brother | sister | baby | cousin |

Activity 1 다음 단어를 찾아 ○ 하세요.

brother   mother   cousin   sister   father

```
j  b  r  o  t  h  e  r  h  f
a  c  o  u  s  i  n  i  a  a
d  i  w  e  m  s  v  n  s  t
l  x  w  c  o  l  q  e  i  h
k  y  w  e  t  s  b  d  s  e
n  w  n  w  h  p  r  i  t  r
f  o  v  v  e  w  p  i  e  u
o  c  p  p  r  s  c  i  r  d
```

2 다음 그림을 보고 단어를 바르게 쓰세요.

(1) mother

(2) father

(3) brother

(4) sister

(5) cousin

3 다음 보기에서 알맞은 단어를 골라 문장을 완성하세요.

--- 보기 ---

grandmother   grandfather   aunt   uncle   baby

(1) **I love my** ________________________ .
할머니

(2) **I love my** ________________________ .
숙모(고모, 이모)

(3) **I love my** ________________________ .
삼촌

(4) **I love my** ________________________ .
아기

(5) **I love my** ________________________ .
할아버지

2 | 우리 집이에요

house

apartment

veranda

attic

bedroom

bathroom

living room

kitchen

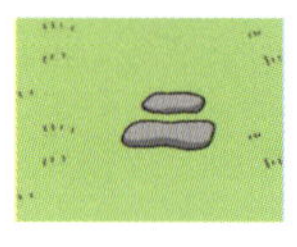
garden

garage

Activity 1

다음 그림을 보고 빈칸에 단어를 쓰세요.

attic   bedroom   bathroom   kitchen   garden

2 다음 그림을 보고 단어를 바르게 쓰세요.

(1) bathroom

(2) living room

(3) veranda

(4) garage

(5) attic

3 다음 보기에서 알맞은 단어를 골라 문장을 완성하세요.

> ─ 보기 ─
>
> **house   apartment   bedroom   kitchen   garden**

(1) This is my ___________________ .
정원

(2) This is my ___________________ .
집

(3) This is my ___________________ .
부엌

(4) This is my ___________________ .
아파트

(5) This is my ___________________ .
침실

3 | 집 안을 살펴봐요

1 다음 사다리를 따라가서 단어를 완성하고, 바르게 쓰세요.

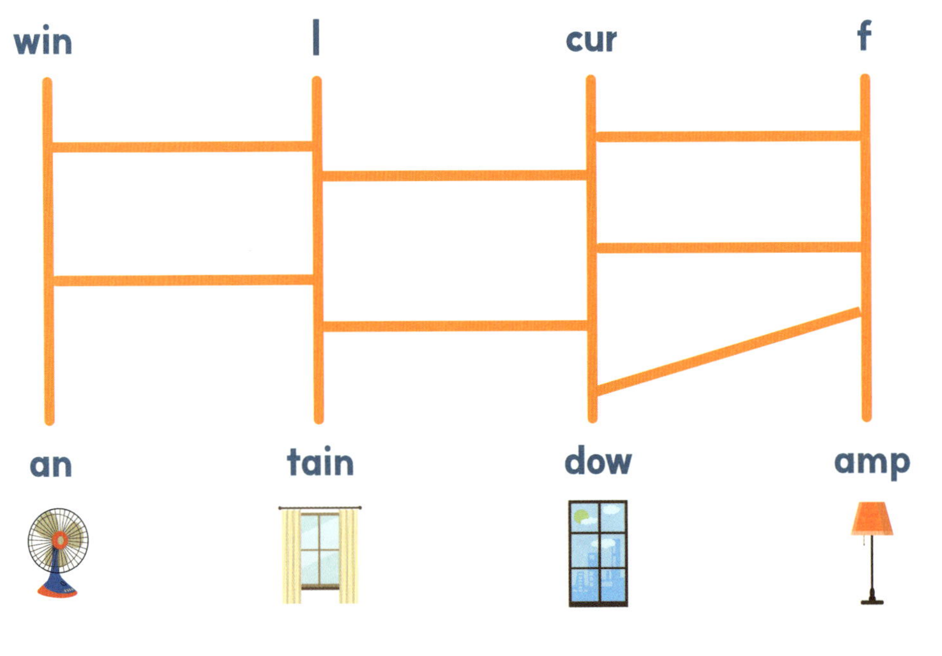

Read and Write

2 다음 그림을 보고 단어를 바르게 쓰세요.

(1) television

(2) mirror

(3) curtain

(4) table

(5) bed

Make a Sentence

3 다음 보기에서 알맞은 단어를 골라 문장을 완성하세요.

보기

door window sofa lamp fan

(1) There is a ________________ in the living room.
램프

(2) There is a ________________ in the living room.
창문

(3) There is a ________________ in the living room.
소파

(4) There is a ________________ in the living room.
선풍기

(5) There is a ________________ in the living room.
문

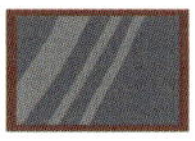

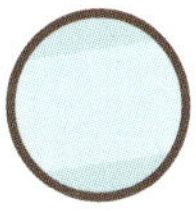

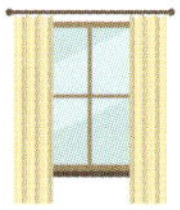

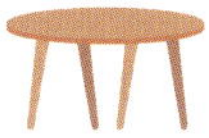

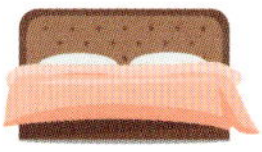

4 | 부엌을 살펴봐요

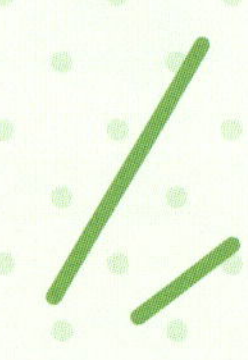

refrigerator

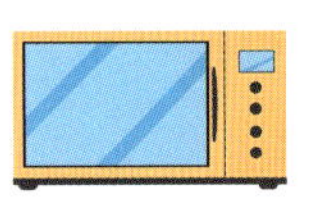
microwave

pot

fork

spoon

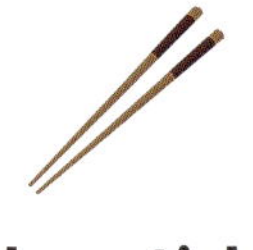
chopsticks

knife

plate

cup

glass

1 다음 암호를 풀어 단어를 바르게 쓰세요.

k n ♥ f ◇

＿ ＿ ＿ ＿ ＿

♠ p ☆ ☆ n

＿ ＿ ＿ ＿ ＿

p ☆ t

＿ ＿ ＿

f ☆ r k

＿ ＿ ＿ ＿

g l ◆ ♠ ♠

＿ ＿ ＿ ＿ ＿

m ♥ c r ☆ w ◆ v ◇

＿ ＿ ＿ ＿ ＿ ＿ ＿ ＿ ＿

2 다음 그림을 보고 단어를 바르게 쓰세요.

(1) microwave

(2) spoon

(3) chopsticks

(4) glass

(5) refrigerator

3 다음 보기에서 알맞은 단어를 골라 문장을 완성하세요.

───── 보기 ─────

pot knife cup plate fork

(1) **In the kitchen, we use a** _______________ .
칼

(2) **In the kitchen, we use a** _______________ .
냄비

(3) **In the kitchen, we use a** _______________ .
컵

(4) **In the kitchen, we use a** _______________ .
포크

(5) **In the kitchen, we use a** _______________ .
접시

5 | 시원하게 입어요

Activity

1 다음 그림에 해당하는 단어를 찾아 ○ 하고, 빈칸에 체크하세요.

2 다음 그림을 보고 단어를 바르게 쓰세요.

(1) sunglasses

(2) cap

(3) T-shirt

(4) shorts

(5) belt

3 다음 보기에서 알맞은 단어를 골라 문장을 완성하세요.

─── 보기 ───

hat   dress   skirt   shoes   socks

(1) **She is wearing a** ________________________ .
챙 모자

(2) **She is wearing a** ________________________ .
치마

(3) **She is wearing a** ________________________ .
원피스

(4) **He is wearing** ________________________ .
양말

(5) **He is wearing** ________________________ .
신발

6 | 따뜻하게 입어요

WORD BANK

glasses	tie	boots	sweater	pants
jacket	coat	shirt	button	umbrella

Activity

1 다음 낱말을 보고 퍼즐을 완성하세요.

Down ↓
① 안경
② 바지
④ 넥타이

Across ➡
❸ 셔츠
❺ 스웨터
❻ 우산

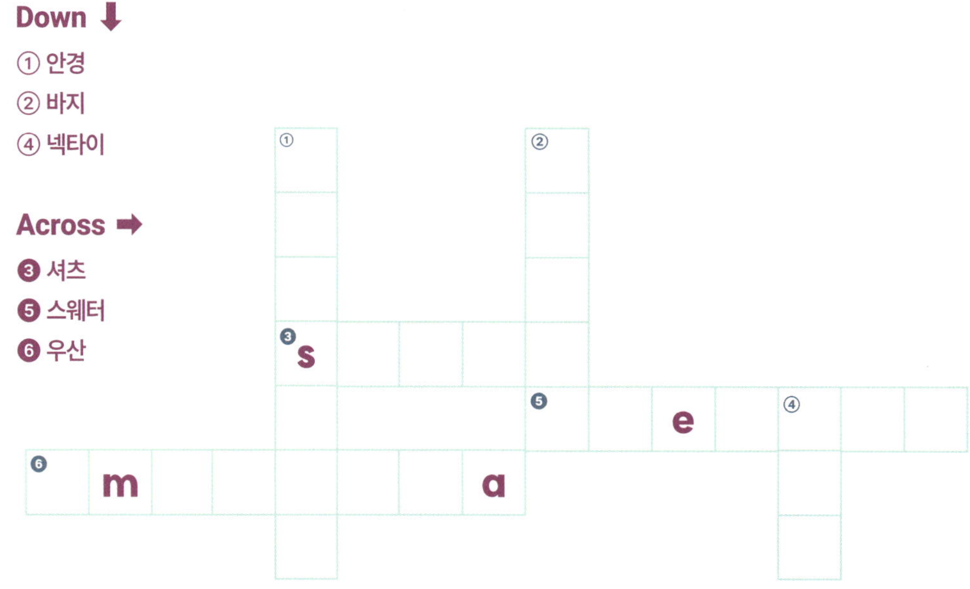

2 다음 그림을 보고 단어를 바르게 쓰세요.

(1)  glasses

(2)  coat

(3)  umbrella

(4)  sweater

(5)  button

Make a Sentence

3 다음 보기에서 알맞은 단어를 골라 문장을 완성하세요.

─ 보기 ─

shirt   tie   jacket   pants   boots

(1) He is wearing a _________________ .
넥타이

(2) She is wearing a _________________ .
재킷

(3) He is wearing a _________________ .
셔츠

(4) She is wearing _________________ .
장화, 부츠

(5) He is wearing _________________ .
바지

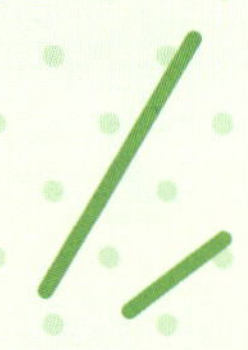

7 | 예쁜 내 얼굴이에요

forehead

hair

cheek

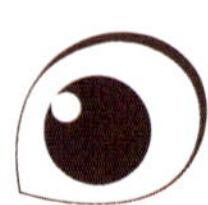
eye

nose

tooth

mouth

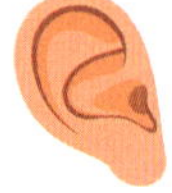
ear

lip

chin

Activity 1 다음 단어를 찾아 ○ 하세요.

nose   hair   tooth   mouth   eye   cheek

t	h	n	c	t	i	d	p
y	e	p	o	h	v	m	c
z	y	l	q	s	e	i	l
z	e	l	u	s	e	e	q
b	m	w	h	d	t	b	k
z	h	o	w	a	o	o	k
x	a	u	u	g	o	c	b
g	i	e	f	t	t	y	j
o	r	f	q	y	h	j	f

Read and Write

2 다음 그림을 보고 단어를 바르게 쓰세요.

(1) forehead

(2) tooth

(3) lip

(4) cheek

(5) hair

Make a Sentence

3 다음 보기에서 알맞은 단어를 골라 문장을 완성하세요.

보기

eye ear chin nose mouth

(1) **Point to your** ______________ .
귀

(2) **Point to your** ______________ .
눈

(3) **Point to your** ______________ .
코

(4) **Point to your** ______________ .
입

(5) **Point to your** ______________ .
턱

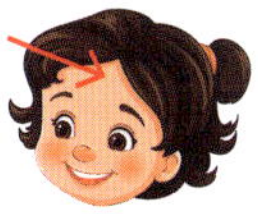

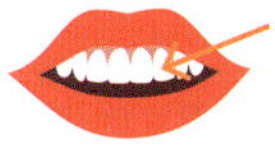

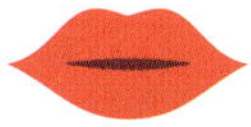

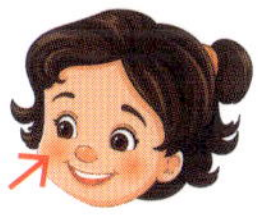

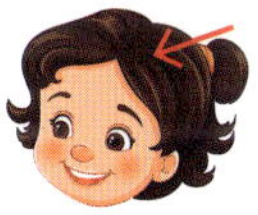

8 | 튼튼한 내 몸이에요

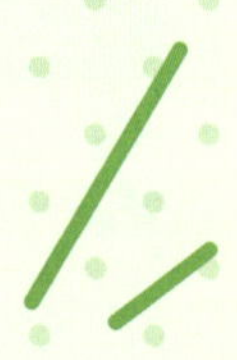

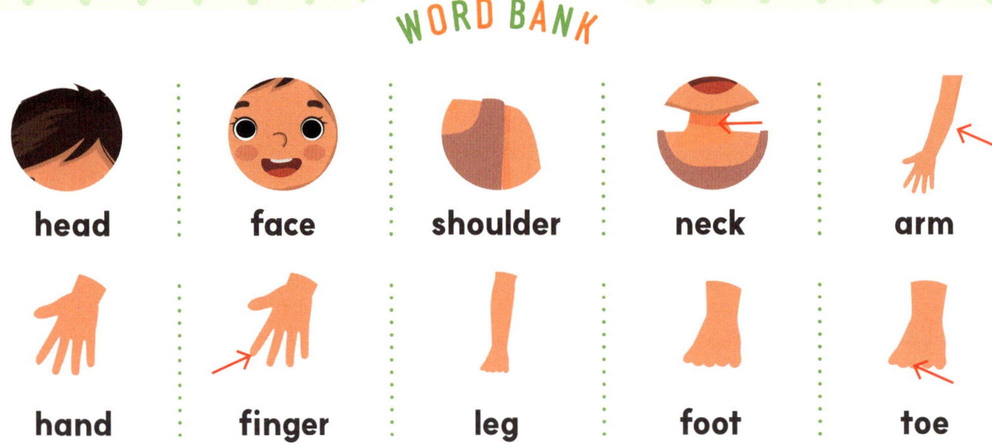

다음 사다리를 따라가서 단어를 완성하고, 바르게 쓰세요.

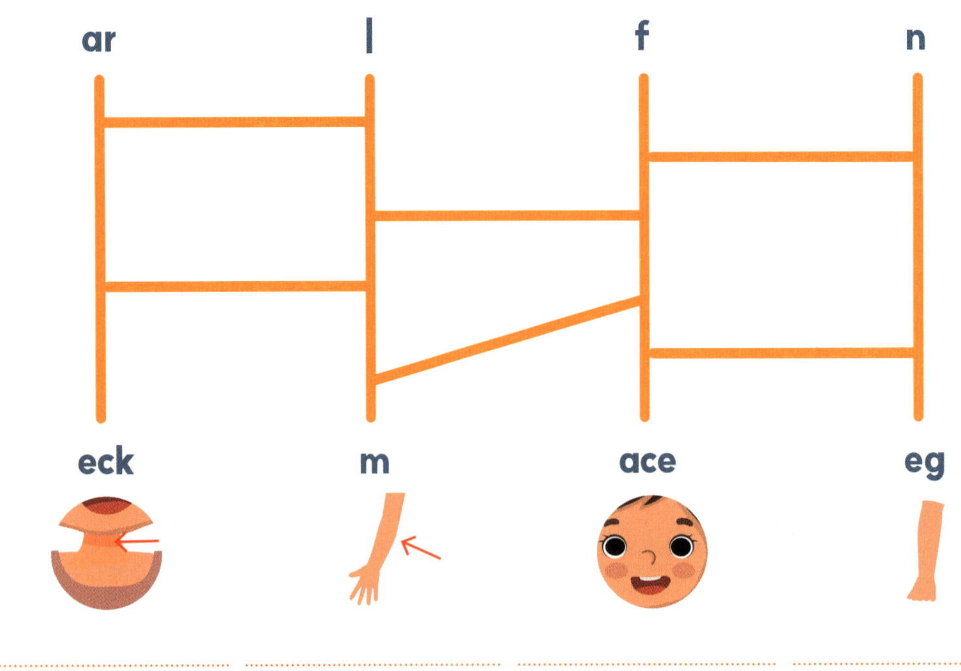

Read and Write

2 다음 그림을 보고 단어를 바르게 쓰세요.

(1) face

(2) toe

(3) foot

(4) neck

(5) head

Make a Sentence

3 다음 보기에서 알맞은 단어를 골라 문장을 완성하세요.

보기

shoulder arm hand leg finger

(1) Move your ____________s.
어깨

(2) Move your ____________s.
손가락

(3) Move your ____________s.
다리

(4) Move your ____________s.
손

(5) Move your ____________s.
팔

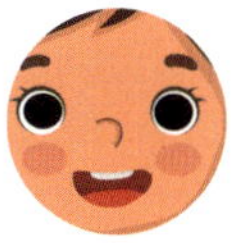

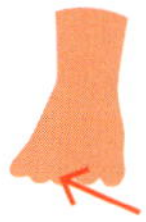

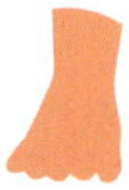

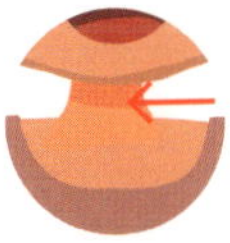

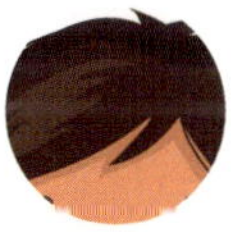

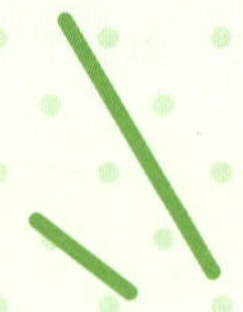 9 | 이크, 병이 났어요 

WORD BANK

 cold

 fever

 cough

 chills

 runny nose

 sore throat

 headache

 rash

 toothache

 stomachache

Activity 1 다음 암호를 풀어 단어를 바르게 쓰세요.

☆	a
◈	c
♡	h
△	o
☐	r

◈ △ l d

_ _ _ _

☐ ☆ s ♡

_ _ _ _

◈ △ u g ♡

_ _ _ _ _

◈ ♡ i l l s

_ _ _ _ _ _

♡ e ☆ d ☆ ◈ ♡ e

_ _ _ _ _ _ _ _

f e v e ☐

_ _ _ _ _

Read and Write

2 다음 그림을 보고 단어를 바르게 쓰세요.

(1) runny nose

(2) sore throat

(3) rash

(4) chills

(5) toothache

Make a Sentence

3 다음 보기에서 알맞은 단어를 골라 문장을 완성하세요.

보기

fever cold cough headache stomachache

(1) I have a ______________. (감기)

(2) I have a ______________. (두통)

(3) I have a ______________. (열)

(4) I have a ______________. (기침)

(5) I have a ______________. (복통)

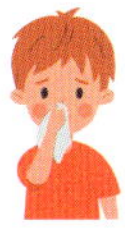

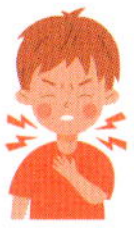

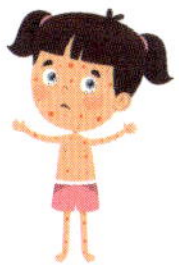

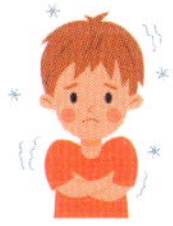

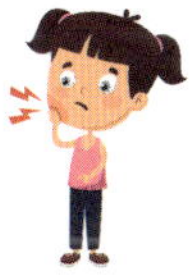

10 | 동물원에서 만나요

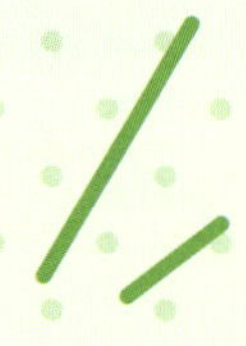

fox

tiger

bear

giraffe

deer

elephant

kangaroo

lion

monkey

zebra

Activity 1 다음 단어를 찾아 ○ 하세요.

lion   tiger   kangaroo   deer   monkey

```
t  i  g  e  r  z  o  d  k
i  g  e  r  l  m  b  e  a
e  a  g  o  e  o  k  e  n
u  f  a  l  p  n  y  r  g
o  k  y  i  h  k  j  q  a
c  p  q  o  a  e  n  j  r
x  y  j  n  n  y  s  m  o
g  b  w  g  t  u  t  q  o
```

Read and Write

2 다음 그림을 보고 단어를 바르게 쓰세요.

(1) elephant

(2) lion

(3) fox

(4) zebra

(5) kangaroo

Make a Sentence

3 다음 보기에서 알맞은 단어를 골라 문장을 완성하세요.

보기

deer　bear　tiger　giraffe　monkey

(1) I see a ________ in the zoo.
호랑이

(2) I see a ________ in the zoo.
기린

(3) I see a ________ in the zoo.
원숭이

(4) I see a ________ in the zoo.
사슴

(5) I see a ________ in the zoo.
곰

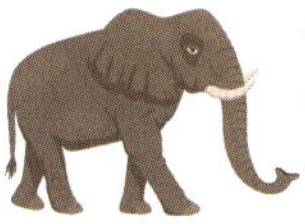

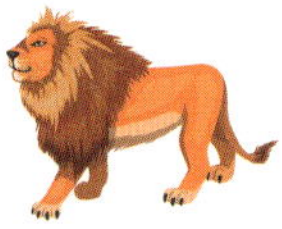

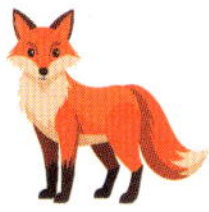

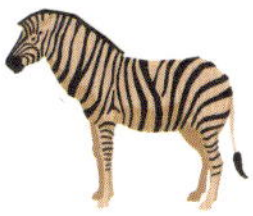

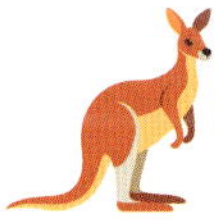

11 | 농장에 살아요

1 다음 사다리를 따라가서 단어를 완성하고, 바르게 쓰세요.

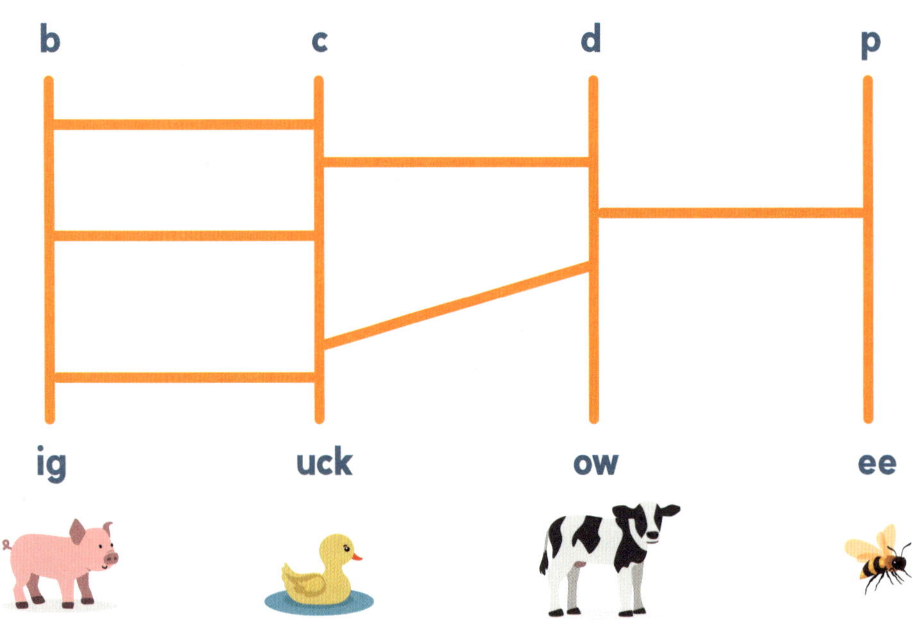

2 다음 그림을 보고 단어를 바르게 쓰세요.

(1) cow

(2) rabbit

(3) sheep

(4) bee

(5) goose

3 다음 보기에서 알맞은 단어를 골라 문장을 완성하세요.

보기
---

chicken   duck   horse   pig   goat

(1) A __________ lives in the farm.
말

(2) A __________ lives in the farm.
염소

(3) A __________ lives in the farm.
오리

(4) A __________ lives in the farm.
닭

(5) A __________ lives in the farm.
돼지

12 | 반려동물이에요

WORD BANK

 snail

 fish

 cat

 hamster

 frog

 turtle

 snake

 iguana

 dog

 spider

Activity 1 다음 낱말을 보고 단어 퍼즐을 완성하세요.

Down ⬇
① 이구아나
③ 뱀
⑥ 거북
⑦ 물고기

Across ➡
❷ 개
❹ 고양이
❺ 햄스터
❽ 달팽이

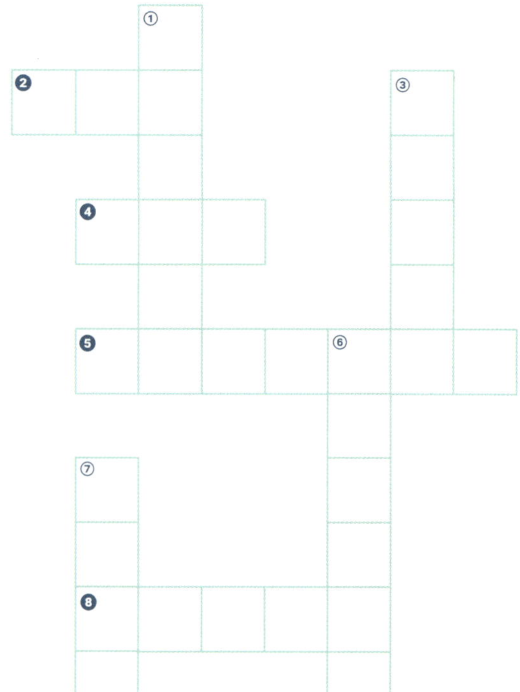

2 다음 그림을 보고 단어를 바르게 쓰세요.

(1)  snail

(2)  cat

(3)  dog

(4)  frog

(5)  snake

Make a Sentence

3 다음 보기에서 알맞은 단어를 골라 문장을 완성하세요.

— 보기 —

fish hamster turtle iguana spider

(1) I feed my ____________ every day.
거미

(2) I feed my ____________ every day.
거북

(3) I feed my ____________ every day.
햄스터

(4) I feed my ____________ every day.
물고기

(5) I feed my ____________ every day.
이구아나

13 | 교실을 살펴봐요

classroom **blackboard** **clock** **computer** **map**

book **telephone** **desk** **chair** **flag**

Activity 1 다음 암호를 풀어 단어를 바르게 쓰세요.

♥	◆	◇	♠	☆
a	c	e	l	o

◆ ♠ ♥ s s r ☆ ☆ m

_ _ _ _ _ _ _ _ _

◆ h ♥ i r   b ☆ ☆ k   f ♠ ♥ g

_ _ _ _ _   _ _ _ _   _ _ _ _

t ◇ ♠ ◇ p h ☆ n ◇

_ _ _ _ _ _ _ _ _

2 다음 그림을 보고 단어를 바르게 쓰세요.

(1) classroom

(2) blackboard

(3) computer

(4) telephone

(5) clock

3 다음 보기에서 알맞은 단어를 골라 문장을 완성하세요.

─── 보기 ───

map   flag   chair   book   desk

(1) There are ＿＿＿＿＿＿s in the classroom.
지도

(2) There are ＿＿＿＿＿＿s in the classroom.
책

(3) There are ＿＿＿＿＿＿s in the classroom.
깃발

(4) There are ＿＿＿＿＿＿s in the classroom.
책상

(5) There are ＿＿＿＿＿＿s in the classroom.
의자

 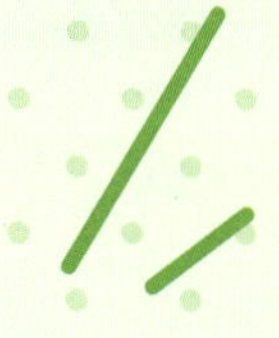

14 | 공부할 때 필요해요

WORD BANK

Activity 1

다음 그림에 해당하는 단어를 찾아 ○ 하고, 빈칸에 체크하세요.

Read and Write

2 다음 그림을 보고 단어를 바르게 쓰세요.

(1) eraser

(2) pen

(3) ruler

(4) crayon

(5)

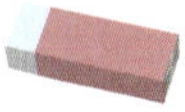

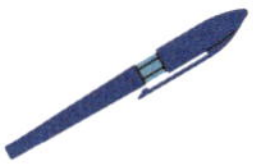

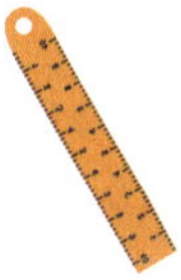

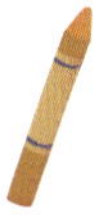

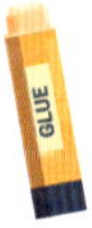

glue

Make a Sentence

3 다음 보기에서 알맞은 단어를 골라 문장을 완성하세요.

보기

textbook pencil notebook scissors tape

(1) I have ________s in my bag.
연필

(2) I have ________ in my bag.
가위

(3) I have ________s in my bag.
교과서

(4) I have ________s in my bag.
노트, 공책

(5) I have ________s in my bag.
테이프

15 | 다양한 과목을 배워요

WORD BANK

Korean

English

Social Studies

Math

Science

P.E.

Music

Art

Activity 1 다음 단어를 찾아 ○ 하세요.

Science   Math   Korean   Music   Art

v	o	u	o	e	k	b	b	r
M	e	S	c	i	e	n	c	e
a	v	d	o	e	a	j	x	e
t	M	u	s	i	c	x	g	e
h	i	z	K	o	r	e	a	n
r	r	y	s	a	s	k	l	f
s	c	n	e	k	z	r	k	r
q	A	r	t	t	c	h	o	z

Read and Write

2 다음 그림을 보고 단어를 바르게 쓰세요.

(1) English

(2) Social Studies

(3) Science

(4) Korean

(5) Math

Make a Sentence

3 다음 보기에서 알맞은 단어를 골라 문장을 완성하세요.

보기

Music P.E. English Math Korean

(1) I like ______________ the most in school.
영어

(2) I like ______________ the most in school.
국어

(3) I like ______________ the most in school.
수학

(4) I like ______________ the most in school.
체육

(5) I like ______________ the most in school.
음악

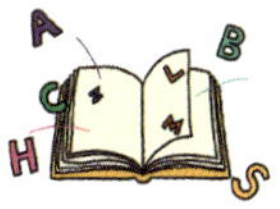

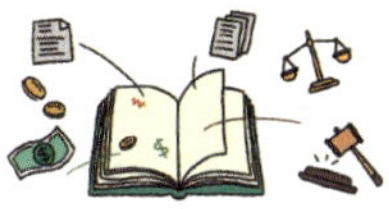

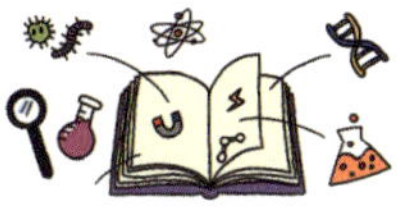

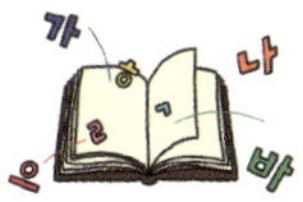

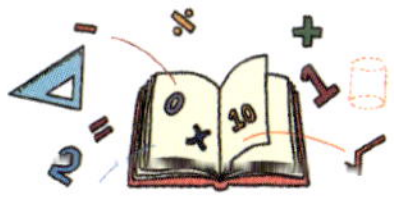

16 | 노력하면 할 수 있어요

WORD BANK

homework

quiz

test

problem

grade

partner

team

race

score

goal

Activity

1 다음 단어를 찾아 ○ 하세요.

score　quiz　grade　race　goal　team

v	f	g	o	o	s	r	n	a
n	r	z	u	j	w	a	x	t
g	s	c	o	r	e	c	j	e
o	x	z	s	y	q	e	c	a
a	l	g	i	z	s	j	r	m
l	k	e	r	e	j	q	q	g
i	g	r	a	d	e	b	p	c
m	u	g	p	q	u	i	z	h

Read and Write

2 다음 그림을 보고 단어를 바르게 쓰세요.

(1) team

(2) partner

(3)

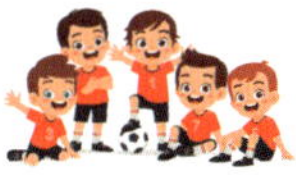

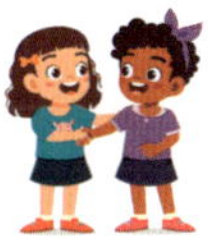

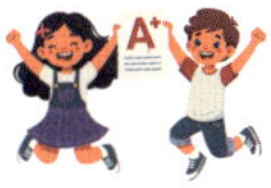

grade

(4) goal

(5)

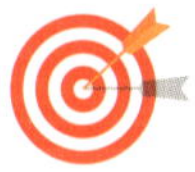

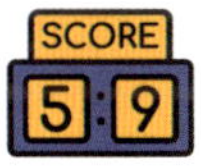

score

Make a Sentence

3 다음 보기에서 알맞은 단어를 골라 문장을 완성하세요.

보기

homework race problem quiz test

(1) The ______ is difficult.
문제

(2) The ______ is difficult.
퀴즈

(3) The ______ is difficult.
숙제

(4) The ______ is difficult.
경주

(5) The ______ is difficult.
시험

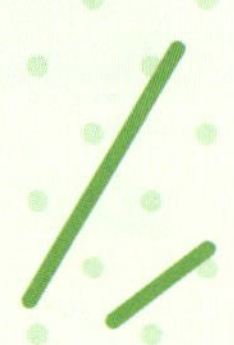

1 다음 사다리를 따라가서 단어를 완성하고, 바르게 쓰세요.

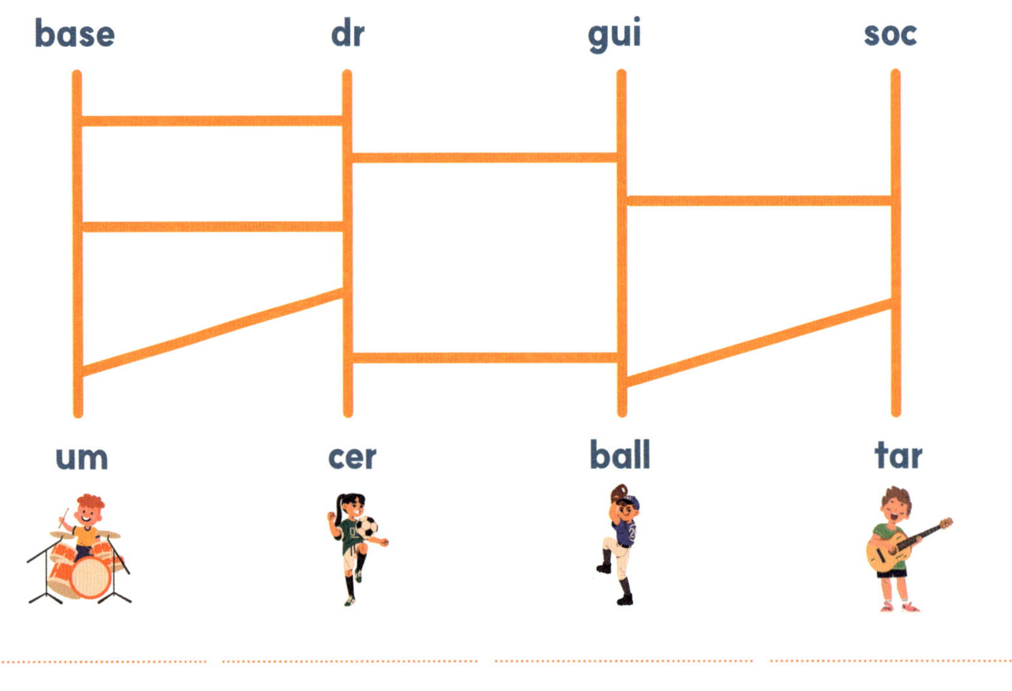

2 다음 그림을 보고 단어를 바르게 쓰세요.

(1) piano

(2) violin

(3) board game

(4) basketball

(5) badminton

3 다음 보기에서 알맞은 단어를 골라 문장을 완성하세요.

——— 보기 ———

guitar   drum   tennis   baseball   soccer

(1) I can play ____________ on Saturday.
축구

(2) I can play ____________ on Saturday.
야구

(3) I can play ____________ on Saturday.
테니스

(4) I can play the ____________ on Saturday.
드럼

(5) I can play the ____________ on Saturday.
기타

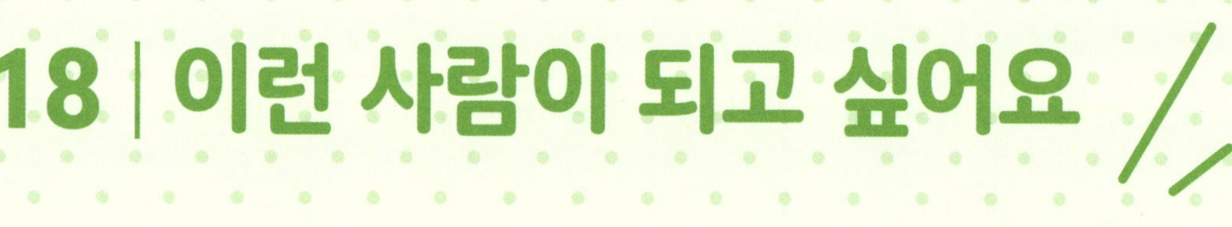

WORD BANK

doctor

teacher

farmer

writer

actor

creator

pilot

cook

artist

athlete

Activity 1

다음 암호를 풀어 단어를 바르게 쓰세요.

☆	a
◈	c
△	o
♡	r
□	t

☆ ◈ □ △ ♡　　　　w ♡ i □ e ♡

＿＿＿＿＿　　　　＿＿＿＿＿

d △ ◈ □ △ ♡　　　　f ☆ ♡ m e ♡

＿＿＿＿＿＿　　　　＿＿＿＿＿

◈ △ △ k　　　　□ e ☆ ◈ h e ♡

＿＿＿＿　　　　＿＿＿＿＿＿＿

2 다음 그림을 보고 단어를 바르게 쓰세요.

(1) writer

(2) pilot

(3) artist

(4) farmer

(5) creator

3 다음 보기에서 알맞은 단어를 골라 문장을 완성하세요.

─── 보기 ───

doctor   athlete   teacher   cook   actor

(1) **I will be a** ___________________ .
　　　　　　　　　　 의사

(2) **I will be a** ___________________ .
　　　　　　　　　　 선생님

(3) **I will be a** ___________________ .
　　　　　　　　　　 요리사

(4) **I will be an** ___________________ .
　　　　　　　　　　 배우

(5) **I will be an** ___________________ .
　　　　　　　　　　 운동선수

19 | 여러 가지 직업이 있어요

astronaut

scientist

programmer

police officer

firefighter

engineer

banker

entertainer

musician

fashion model

Activity 1 다음 사다리를 따라가서 단어를 완성하고, 바르게 쓰세요.

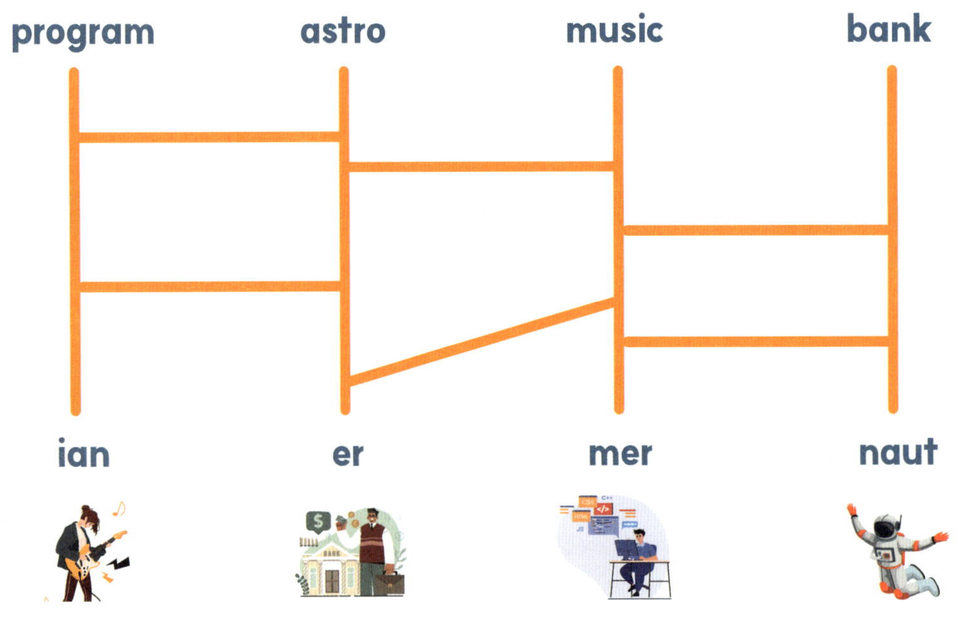

Read and Write

2 다음 그림을 보고 단어를 바르게 쓰세요.

(1) astronaut

(2) entertainer

(3)

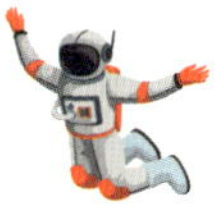

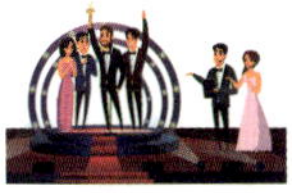

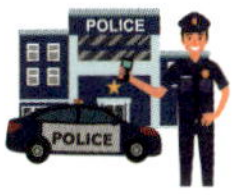

police officer

(4) engineer

(5) fashion model

Make a Sentence

3 다음 보기에서 알맞은 단어를 골라 문장을 완성하세요.

보기

banker firefighter musician scientist programmer

(1) My grandpa was a ______________ .
소방관

(2) My grandpa was a ______________ .
과학자

(3) My grandpa was a ______________ .
프로그래머, 개발자

(4) My grandpa was a ______________ .
은행원

(5) My grandpa was a ______________ .
음악가

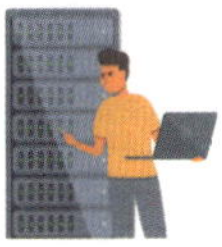

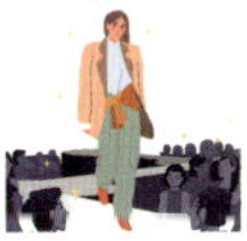

20 | 교통수단이 다양해요

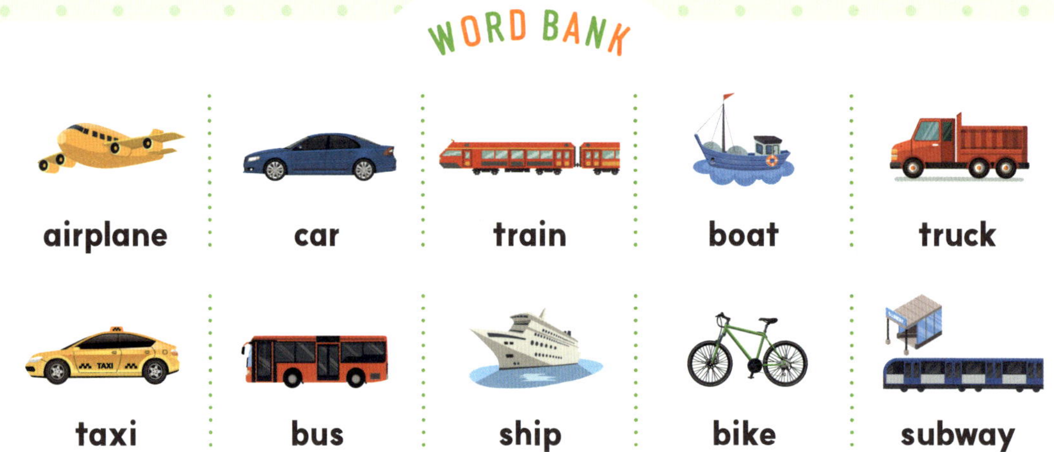

Activity 1

다음 그림에 해당하는 단어를 찾아 ○ 하고, 빈칸에 체크하세요.

2 다음 그림을 보고 단어를 바르게 쓰세요.

(1) airplane

(2) boat

(3) truck

(4) bike

(5) taxi

3 다음 보기에서 알맞은 단어를 골라 문장을 완성하세요.

보기

truck   taxi   train   bus   car

(1) **Let's ride a** ______________________ .
자동차

(2) **Let's ride a** ______________________ .
버스

(3) **Let's ride a** ______________________ .
기차

(4) **Let's ride a** ______________________ .
택시

(5) **Let's ride a** ______________________ .
트럭

21 | 우리 동네를 소개해요

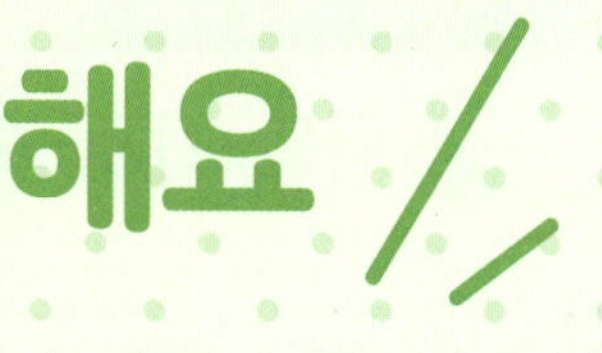

bank

hospital

library

school

bookstore

church

restaurant

museum

post office

police station

Activity 1

다음 낱말을 보고 단어 퍼즐을 완성하세요.

Down ↓
② 식당
③ 병원
⑤ 교회

Across →
❶ 도서관
❹ 학교
❻ 박물관
❼ 은행

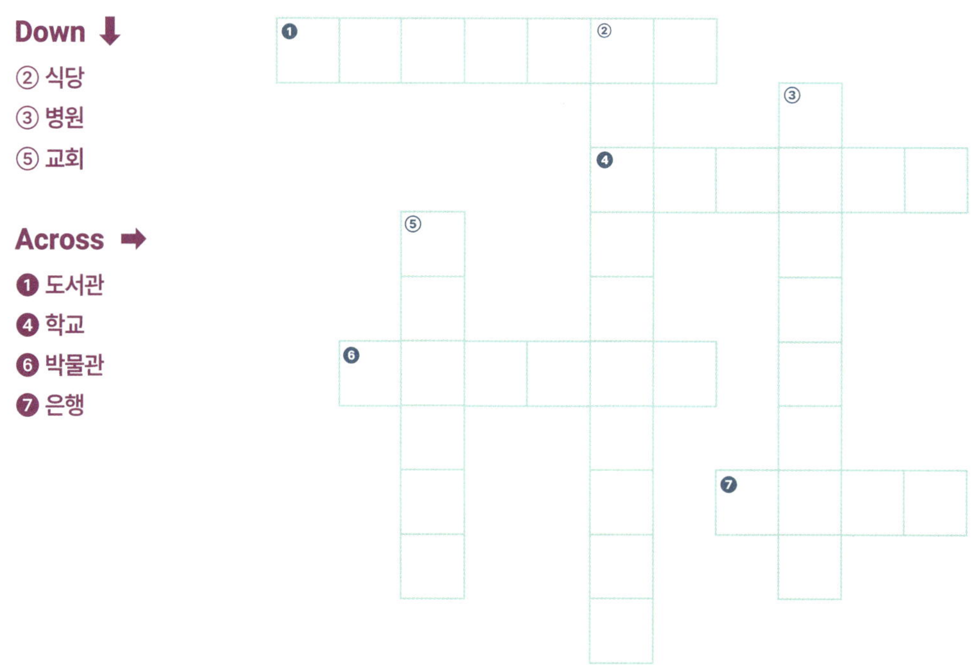

Read and Write

2 다음 그림을 보고 단어를 바르게 쓰세요.

(1)

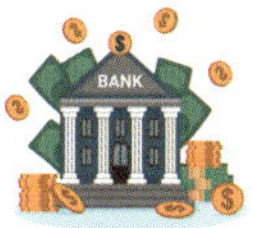

bank

(2)
hospital

(3)

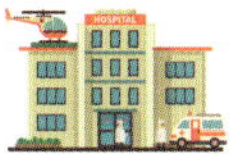

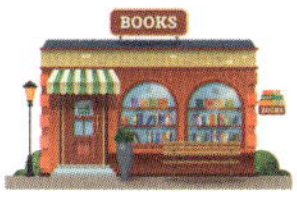

bookstore

(4)

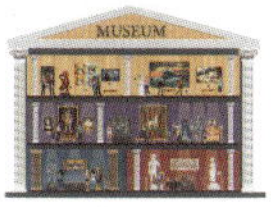

museum

(5)
church

Make a Sentence

3 다음 보기에서 알맞은 단어를 골라 문장을 완성하세요.

보기

restaurant police station library school post office

(1) This is the ____________ in our town.
도서관

(2) This is the ____________ in our town.
학교

(3) This is the ____________ in our town.
식당

(4) This is the ____________ in our town.
우체국

(5) This is the ____________ in our town.
경찰서

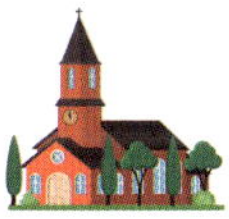

22 | 아름다운 자연을 보아요

Activity 1

가로줄과 세로줄, 같은 칸에 단어가 겹치지 않도록 아래 단어를 쓰세요.

river   sea   cloud   sun   moon   star

river	sea	cloud	sun	moon	star
sea		cloud	river	moon	star
river	moon	star	sun		
moon	star			river	sun
sun		river	moon	star	
	river	sun	sea	cloud	moon
cloud			star	sun	river

2 다음 그림을 보고 단어를 바르게 쓰세요.

(1) river

(2) lake

(3) sea

(4) mountain

(5) rain

3 다음 보기에서 알맞은 단어를 골라 문장을 완성하세요.

━━━━━ 보기 ━━━━━

cloud　sun　moon　star　snow

(1) Look at the ___________ in the sky.
눈

(2) Look at the ___________ in the sky.
별

(3) Look at the ___________ in the sky.
해

(4) Look at the ___________ in the sky.
구름

(5) Look at the ___________ in the sky.
달

23 | 계절을 느껴요

season

spring

flower

summer

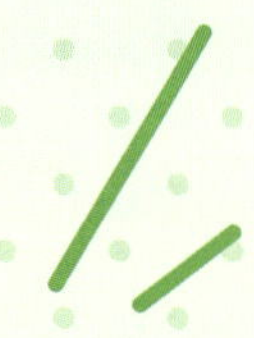

heat

fall

autumn

leaf

winter

ice

1 다음 암호를 풀어 단어를 바르게 쓰세요.

◇	a
♥	e
◆	n
♠	r
☆	s

☆ ♥ ◇ ☆ o ◆   ◇ u t u m ◆

＿ ＿ ＿ ＿ ＿ ＿   ＿ ＿ ＿ ＿ ＿ ＿

☆ p ♠ i ◆ g   f ◇ l l

＿ ＿ ＿ ＿ ＿ ＿   ＿ ＿ ＿ ＿

☆ u m m ♥ ♠   w i ◆ t ♥ ♠

＿ ＿ ＿ ＿ ＿ ＿   ＿ ＿ ＿ ＿ ＿ ＿

Read and Write

2 다음 그림을 보고 단어를 바르게 쓰세요.

(1) season

(2) flower

(3) heat

(4) leaf

(5) ice

Make a Sentence

3 다음 보기에서 알맞은 단어를 골라 문장을 완성하세요.

보기

summer fall season spring winter

(1) It's ______________ now.
봄

(2) It's ______________ now.
여름

(3) It's ______________ now.
가을

(4) It's ______________ now.
겨울

(5) There are four ______________s.
계절

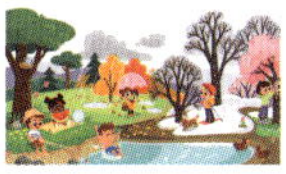

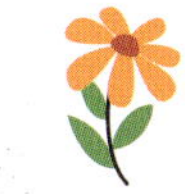

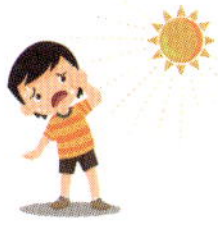

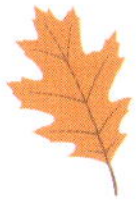

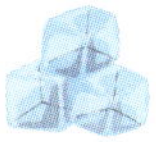

WORD BANK

earth

nature

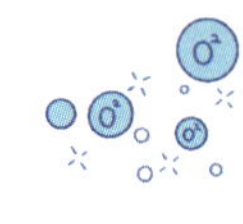
air

energy

gas

light

tree

plastic

can

paper

Activity 1

다음 사다리를 따라가서 단어를 완성하고, 바르게 쓰세요.

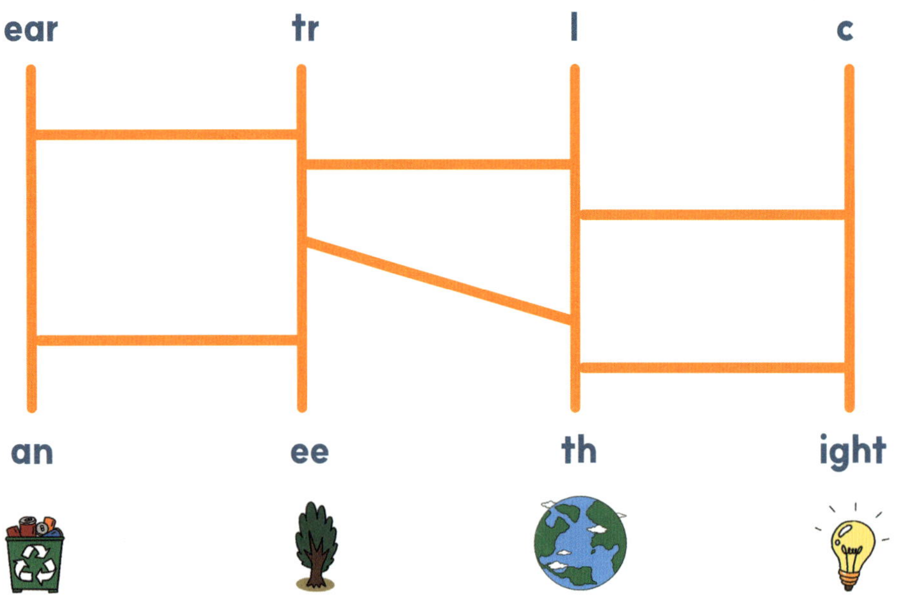

2 다음 그림을 보고 단어를 바르게 쓰세요.

(1) earth

(2) tree

(3) energy

(4) paper

(5) light

3 다음 보기에서 알맞은 단어를 골라 문장을 완성하세요.

─── 보기 ───

earth   energy   gas   tree   paper

(1) Saving ________________ is important.
가스, 연료

(2) Saving ________________ is important.
종이

(3) Saving ________________ is important.
에너지

(4) Saving ________________ is important.
나무

(5) Saving the ________________ is important.
지구

25 | 캠핑을 떠나요

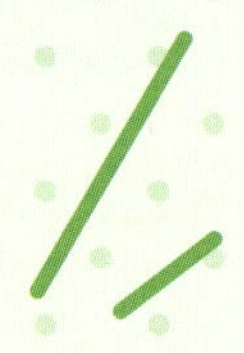

tent

rope

bag

box

bottle

wood

camera

radio

fire

basket

Activity 1

다음 단어를 찾아 ○ 하세요.

camera   radio   tent   bottle   rope   wood

f	c	h	f	b	t	r	l
b	a	f	m	o	e	a	h
a	m	r	s	t	n	d	z
s	e	o	h	t	t	i	e
k	r	p	b	l	t	o	b
e	a	e	a	e	g	e	o
t	c	d	g	c	k	h	x
w	o	o	d	z	l	q	c

Read and Write

2 다음 그림을 보고 단어를 바르게 쓰세요.

(1) wood

(2) bag

(3) bottle

(4) rope

(5) fire

Make a Sentence

3 다음 보기에서 알맞은 단어를 골라 문장을 완성하세요.

보기

tent camera basket box radio

(1) We need a ______________ to go camping.
라디오

(2) We need a ______________ to go camping.
카메라

(3) We need a ______________ to go camping.
바구니

(4) We need a ______________ to go camping.
텐트

(5) We need a ______________ to go camping.
상자

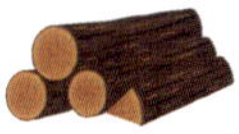

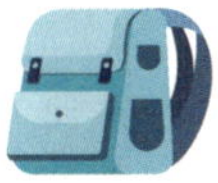

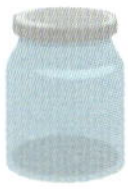

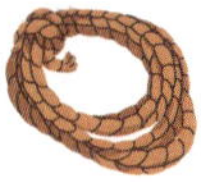

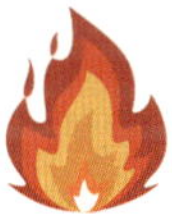

26 | 세계를 여행할 거예요

Activity 1

다음 낱말을 보고 단어 퍼즐을 완성하세요.

Down ⬇
① 캐나다
② 한국
③ 프랑스

Across ➡
❹ 인도
❺ 베트남

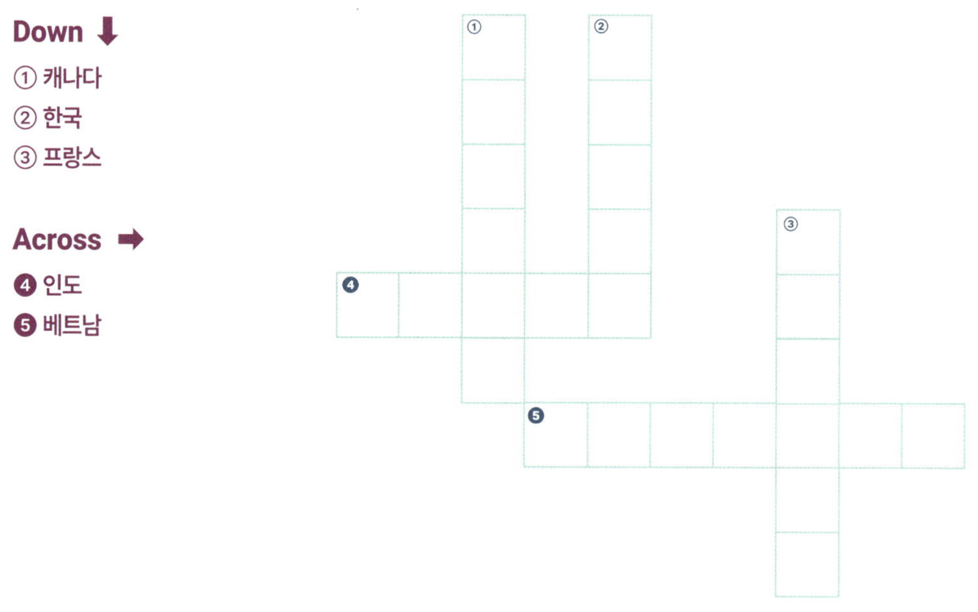

Read and Write

2 다음 그림을 보고 단어를 바르게 쓰세요.

(1) China

(2) The U.S.A.

(3) France

(4) Australia

(5) India

Make a Sentence

3 다음 보기에서 알맞은 단어를 골라 문장을 완성하세요.

보기

Canada Egypt Mexico Vietnam Korea

(1) **I'm planning to travel to** ______________ .
멕시코

(2) **I'm planning to travel to** ______________ .
캐나다

(3) **I'm planning to travel to** ______________ .
베트남

(4) **I'm planning to travel to** ______________ .
한국

(5) **I'm planning to travel to** ______________ .
이집트

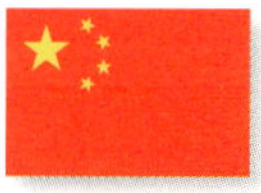

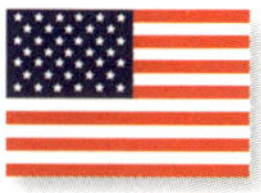

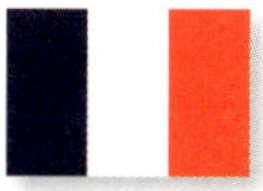

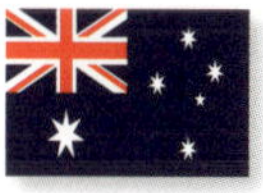

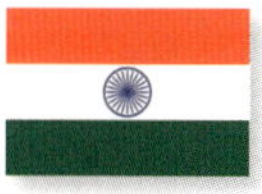

27 | 세계 친구를 사귀어요

Korean

Chinese

Vietnamese

American

French

Canadian

Indian

Egyptian

Mexican

Australian

Activity 1 다음 단어를 찾아 ○ 하세요.

Indian Mexican Chinese Egyptian French

```
g  p  u  v  c  m  i  c  E
l  b  i  v  l  c  s  b  g
n  M  e  x  i  c  a  n  y
d  F  a  i  e  h  l  f  p
i  r  r  u  t  t  r  t  t
a  e  a  x  g  e  r  m  i
n  n  b  r  n  c  x  q  a
m  c  s  a  t  f  o  b  n
b  h  C  h  i  n  e  s  e
```

2 다음 그림을 보고 단어를 바르게 쓰세요.

(1) Korean

(2) Chinese

(3) Australian

(4) American

(5) Indian

3 다음 보기에서 알맞은 단어를 골라 문장을 완성하세요.

─── 보기 ───

Vietnamese   American   French   Mexican   Canadian

(1) **I play with my** _______________ **friend.**
프랑스인

(2) **I play with my** _______________ **friend.**
멕시코인

(3) **I play with my** _______________ **friend.**
미국인

(4) **I play with my** _______________ **friend.**
캐나다인

(5) **I play with my** _______________ **friend.**
베트남인

1 다음 사다리를 따라가서 단어를 완성하고, 바르게 쓰세요.

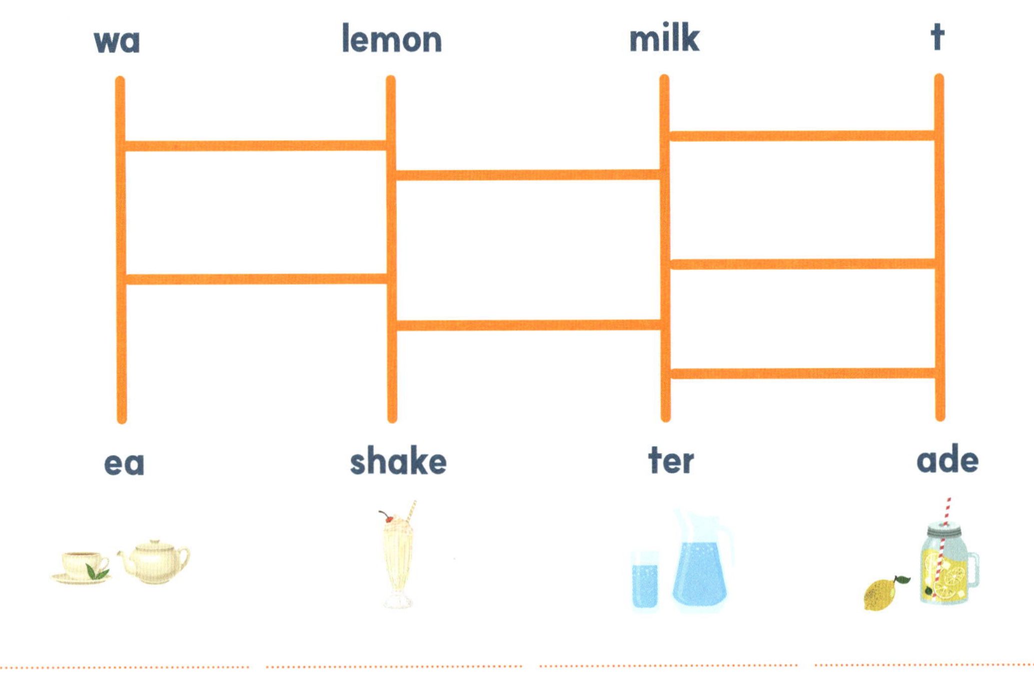

2 다음 그림을 보고 단어를 바르게 쓰세요.

(1) smoothie

(2) coffee

(3) juice

(4) milkshake

(5) hot chocolate

3 다음 보기에서 알맞은 단어를 골라 문장을 완성하세요.

─── 보기 ───

juice   milk   soda   tea   lemonade

(1) **Would you like to drink** _______________ **?**
탄산음료

(2) **Would you like to drink** _______________ **?**
레모네이드

(3) **Would you like to drink** _______________ **?**
차

(4) **Would you like to drink** _______________ **?**
우유

(5) **Would you like to drink** _______________ **?**
주스

29 | 과일이 좋아요

apple

pear

peach

banana

orange

watermelon

grape

strawberry

kiwi

mango

Activity 1

다음 그림에 해당하는 단어를 쓰고, 문장에 맞게 색칠하세요.

I see a green ___________ .

I see a red ___________ .

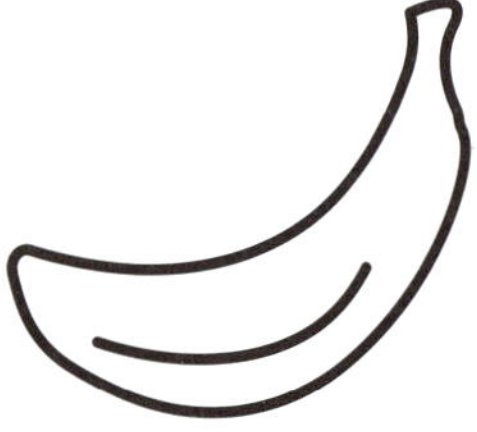

I see a yellow ___________ .

I see purple ___________ s.

Read and Write

2 다음 그림을 보고 단어를 바르게 쓰세요.

(1) watermelon

(2) peach

(3) strawberry

(4) kiwi

(5) mango

Make a Sentence

3 다음 보기에서 알맞은 단어를 골라 문장을 완성하세요.

보기

apple pear banana orange grape

(1) Do you want some ________s?
사과

(2) Do you want some ________s?
오렌지

(3) Do you want some ________s?
바나나

(4) Do you want some ________s?
포도

(5) Do you want some ________s?
배

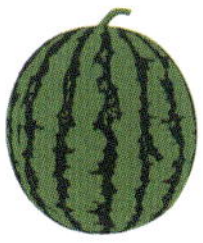

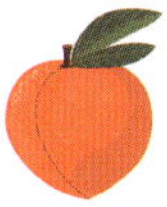

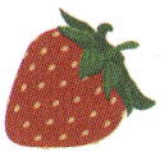

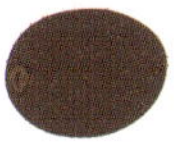

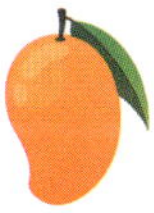

30 | 채소가 좋아요

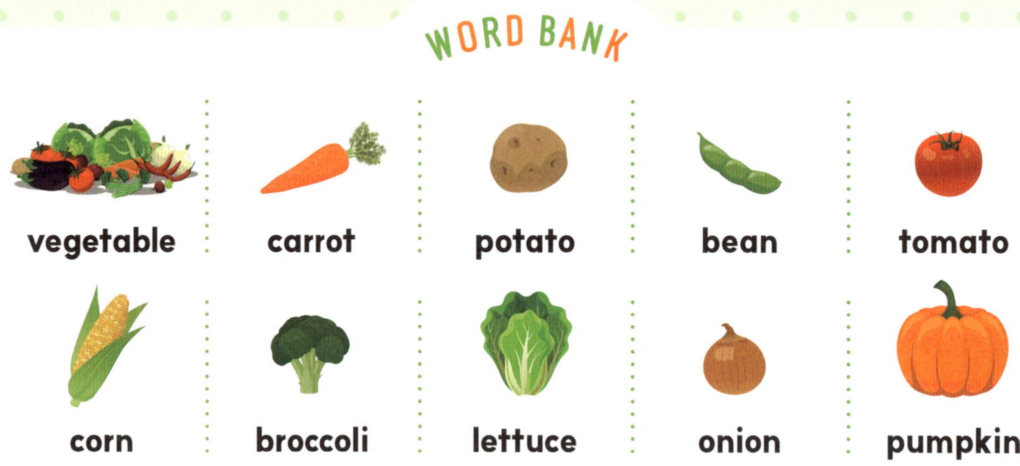

Activity 1 다음 암호를 풀어 단어를 바르게 쓰세요.

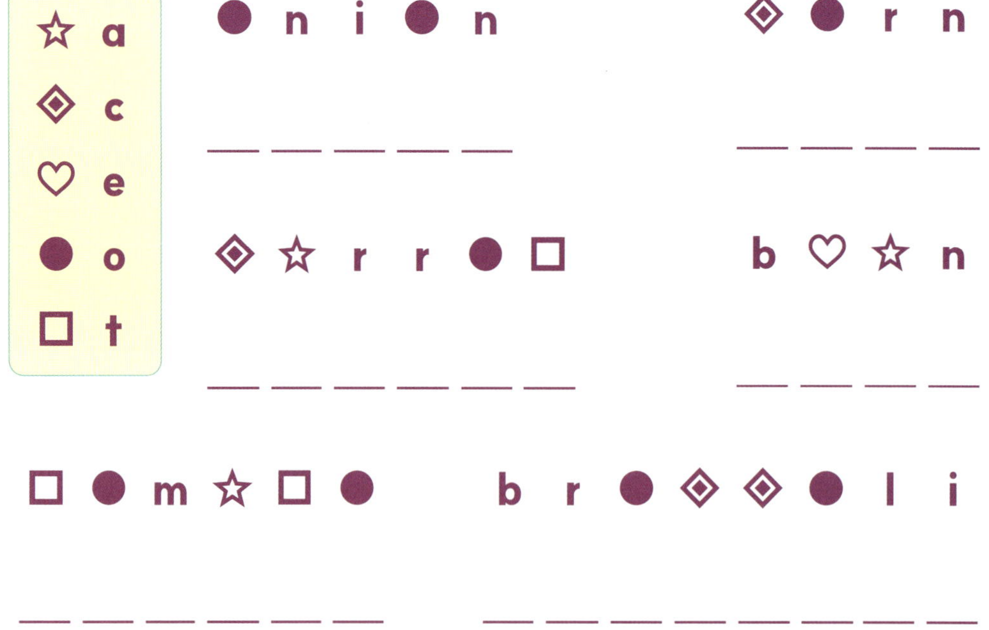

Read and Write

2 다음 그림을 보고 단어를 바르게 쓰세요.

(1) potato

(2) lettuce

(3) carrot

(4) vegetable

(5) corn

Make a Sentence

3 다음 보기에서 알맞은 단어를 골라 문장을 완성하세요.

보기

onion carrot bean tomato pumpkin

(1) Eat some ______________ s for you.
콩

(2) Eat some ______________ s for you.
당근

(3) Eat some ______________ s for you.
호박

(4) Eat some ______________ s for you.
양파

(5) Eat some ______________ es for you.
토마토

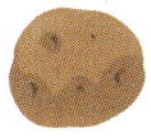

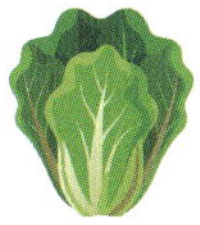

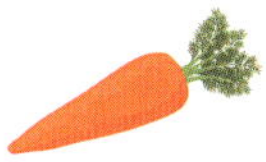

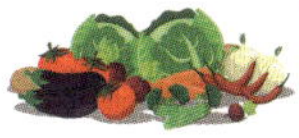

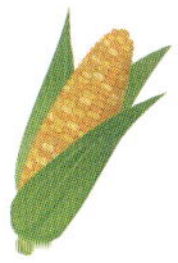

31 │ 음식을 주문해요

| salad | soup | rice noodles | fried rice | beef steak |
| pork cutlet | hamburger | sandwich | pizza | spaghetti |

1 다음 그림에 해당하는 단어를 찾아 ○ 하고, 빈칸에 체크하세요.

Read and Write

2 다음 그림을 보고 단어를 바르게 쓰세요.

(1) pork cutlet

(2) hamburger

(3) sandwich

(4) soup

(5) salad

Make a Sentence

3 다음 보기에서 알맞은 단어를 골라 문장을 완성하세요.

보기

beef steak pizza spaghetti fried rice rice noodles

(1) **I'd like to order some** ______________________.
피자

(2) **I'd like to order some** ______________________.
볶음밥

(3) **I'd like to order some** ______________________.
소고기 스테이크

(4) **I'd like to order some** ______________________.
스파게티

(5) **I'd like to order some** ______________________.
쌀국수

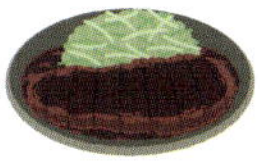

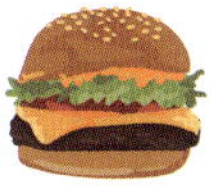

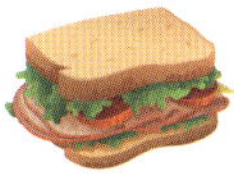

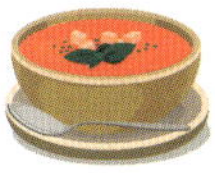

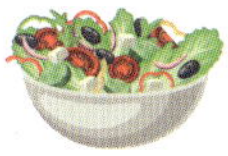

32 | 디저트가 좋아요

dessert

fruit

cake

pie

bread

ice cream

candy

yogurt

cookie

jelly

Activity 1 다음 낱말을 보고 단어 퍼즐을 완성하세요.

Down ⬇

① 빵
② 사탕
③ 과일

Across ➡

❹ 케이크
❺ 젤리
❻ 디저트, 후식

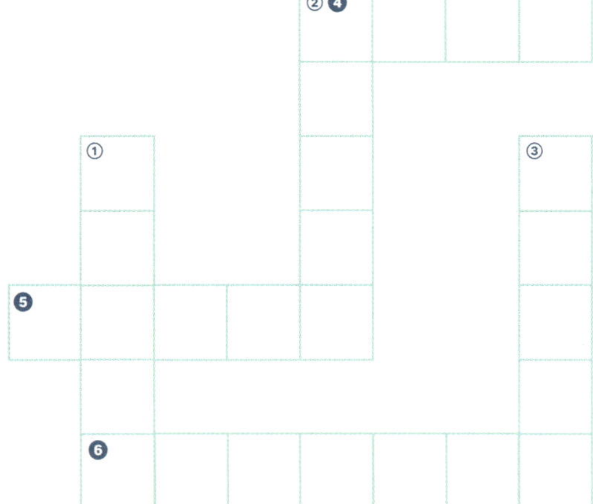

2 다음 그림을 보고 단어를 바르게 쓰세요.

(1) dessert

(2) fruit

(3) cookie

(4) bread

(5) cake

3 다음 보기에서 알맞은 단어를 골라 문장을 완성하세요.

───── 보기 ─────

cake　　candy　　fruit　　ice cream　　yogurt

(1) I love ________________ for dessert.
사탕

(2) I love ________________ for dessert.
과일

(3) I love ________________ for dessert.
케이크

(4) I love ________________ for dessert.
요거트

(5) I love ________________ for dessert.
아이스크림

33 | 음식 재료로 써요

salt

sugar

pepper

flour

butter

cheese

garlic

ginger

oil

honey

Activity 1 다음 단어를 찾아 ○ 하세요.

sugar   oil   garlic   pepper   honey   ginger

p	r	t	y	n	p	d	s	b
s	c	p	e	p	p	e	r	q
p	u	o	y	y	e	i	a	c
l	m	g	s	c	r	r	h	h
b	s	g	a	r	l	i	c	h
o	y	v	h	r	y	d	u	n
i	a	m	i	x	n	w	g	e
l	q	g	i	n	g	e	r	y

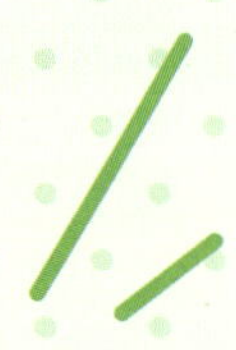

Read and Write

2 다음 그림을 보고 단어를 바르게 쓰세요.

(1) oil

(2) garlic

(3)

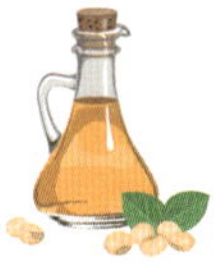

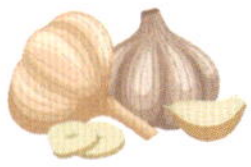

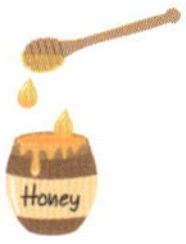

honey

(4) cheese

(5) pepper

Make a Sentence

3 다음 보기에서 알맞은 단어를 골라 문장을 완성하세요.

보기

salt   flour   cheese   sugar   butter

(1) I need ______________ to cook for dinner.
밀가루

(2) I need ______________ to cook for dinner.
버터

(3) I need ______________ to cook for dinner.
설탕

(4) I need ______________ to cook for dinner.
치즈

(5) I need ______________ to cook for dinner.
소금

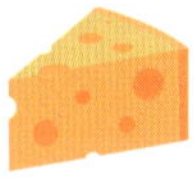

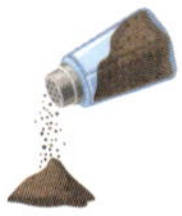

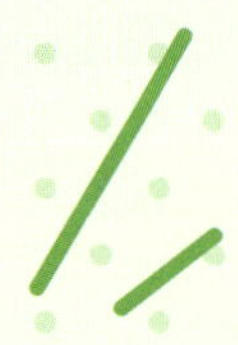

1 다음 사다리를 따라가서 단어를 완성하고, 바르게 쓰세요.

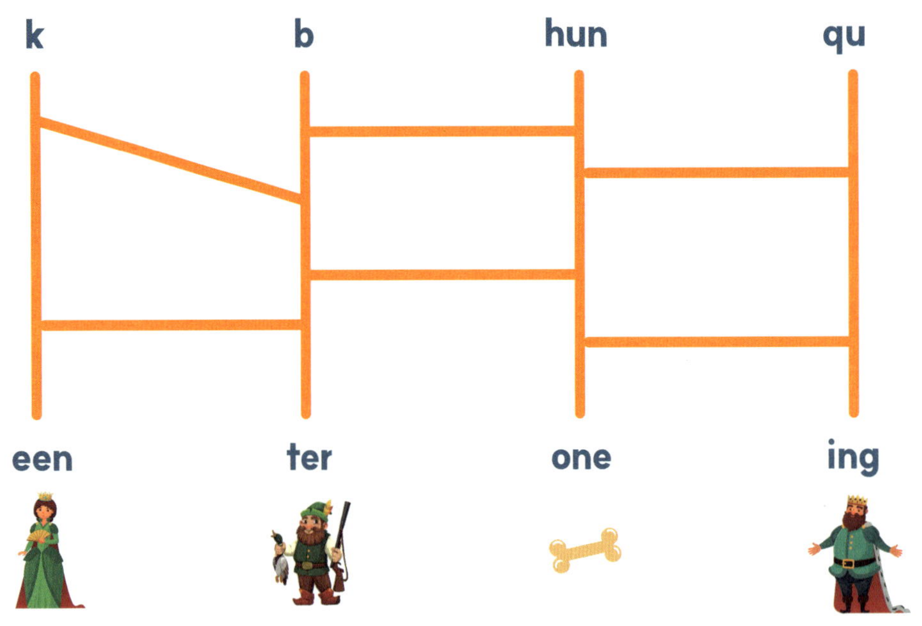

Read and Write

2 다음 그림을 보고 단어를 바르게 쓰세요.

(1) monster

(2) witch

(3) hero

(4) prince

(5) gold

Make a Sentence

3 다음 보기에서 알맞은 단어를 골라 문장을 완성하세요.

보기

hero hunter princess queen king

(1) **I read a story about a** ______ .
왕

(2) **I read a story about a** ______ .
사냥꾼

(3) **I read a story about a** ______ .
영웅

(4) **I read a story about a** ______ .
여왕

(5) **I read a story about a** ______ .
공주

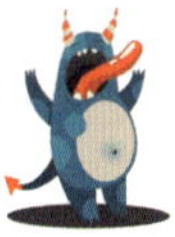

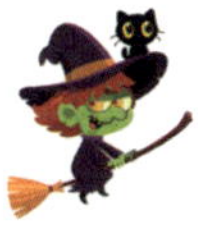

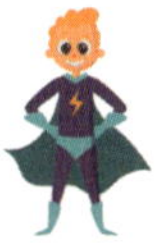

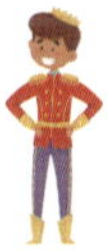

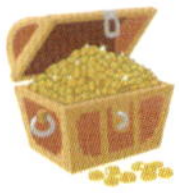

35 | 특별한 날이에요

WORD BANK

holiday	birthday	Christmas	New Year's Day	party
card	present	food	balloon	ribbon

Activity 1

1 다음 그림에 해당하는 단어를 찾아 ○ 하고, 빈칸에 체크하세요.

Read and Write

2 다음 그림을 보고 단어를 바르게 쓰세요.

(1) Christmas

(2) party

(3) card

(4) present

(5) ribbon

Make a Sentence

3 다음 보기에서 알맞은 단어를 골라 문장을 완성하세요.

보기

Christmas   birthday   New Year's Day   holiday   balloon

(1) Come to our party for ____________ .
1월 1일, 새해 첫날

(2) Come to our party for ____________ .
크리스마스

(3) Come to our ____________ party.
풍선

(4) Come to our ____________ party.
생일

(5) Come to our ____________ party.
휴일, 명절

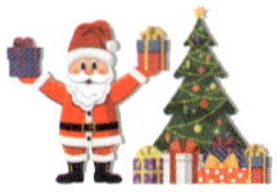

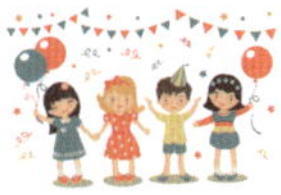

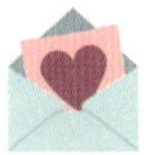

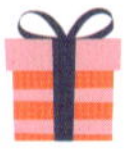

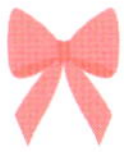

Chapter 2

1 | 몸으로 알 수 있어요

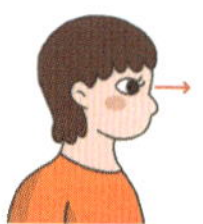

see

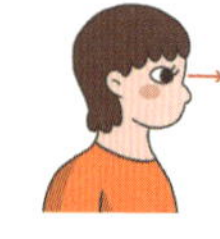

look

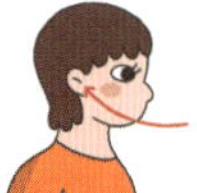

hear

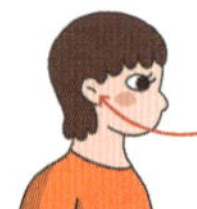

listen

smell

taste

feel

touch

Activity 1 다음 그림을 보고 빈칸에 단어를 쓰세요.

smell   taste   touch   see   hear

2 다음 그림을 보고 단어를 바르게 쓰세요.

(1) look

(2) listen

(3) feel

(4) smell

(5) touch

3 다음 보기에서 알맞은 단어를 골라 문장을 완성하세요.

— 보기 —

see   hear   taste   smell   touch

(1) I ______________________ with my eyes.
　　　　　 보다

(2) I ______________________ with my nose.
　　　　 냄새 맡다

(3) I ______________________ with my ears.
　　　　　 듣다

(4) I ______________________ with my mouth.
　　　　　 맛보다

(5) I ______________________ it with my hands.
　　　　 ~을 만지다

WORD BANK

love

wish

like

hope

want

miss

need

hate

worry

cry

Activity 1

다음 단어를 찾아 ○ 하세요.

love　worry　want　hope　cry

l	h	c	v	w	v	k	w	v
o	t	a	x	y	o	k	a	o
v	c	h	t	d	x	g	n	h
e	r	a	v	e	a	z	t	d
b	y	u	r	z	u	h	d	r
k	x	c	x	i	w	o	l	y
b	h	o	p	e	n	b	r	i
n	d	a	n	w	o	r	r	y

2 다음 그림을 보고 단어를 바르게 쓰세요.

(1) hope

(2) wish

(3) worry

(4) miss

(5) cry

3 다음 보기에서 알맞은 단어를 골라 문장을 완성하세요.

─── 보기 ───

love   hate   want   need   like

(1) Oh, how I _______________ this!
~을 좋아하다

(2) Oh, how I _______________ this!
~을 원하다

(3) Oh, how I _______________ this!
~을 싫어하다

(4) Oh, how I _______________ this!
~을 사랑하다

(5) Oh, how I _______________ this!
~을 필요로 하다

3 | 머릿속 활동이에요

think	decide	know	guess
understand	imagine	remember	forget

1 다음 그림에 해당하는 단어를 찾아 ○ 하고, 빈칸에 체크하세요.

Read and Write

2 다음 그림을 보고 단어를 바르게 쓰세요.

(1) think

(2) understand

(3) decide

(4) imagine

(5) forget

Make a Sentence

3 다음 보기에서 알맞은 단어를 골라 문장을 완성하세요.

보기

think know guess understand remember

(1) I ______________ this is important.
~을 생각하다

(2) I ______________ this is important.
~을 추측하다

(3) I ______________ this is important.
~을 알다

(4) I ______________ this is important.
~을 이해하다

(5) I ______________ this is important.
~을 기억하다

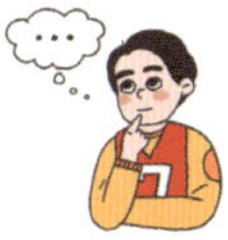

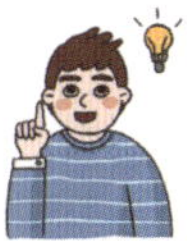

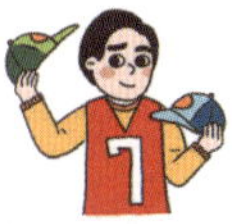

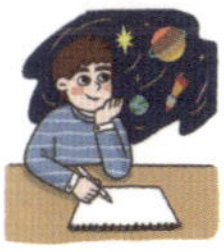

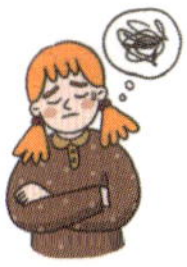

4 | 생각을 말로 표현해요

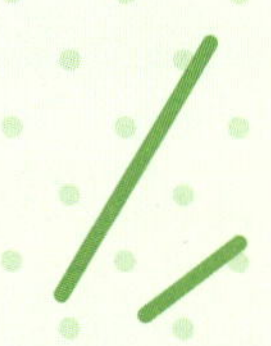

WORD BANK

speak

talk

tell

say

ask

answer

lie

advise

call

announce

Activity 1

다음 사다리를 따라가서 단어를 완성하고, 바르게 쓰세요.

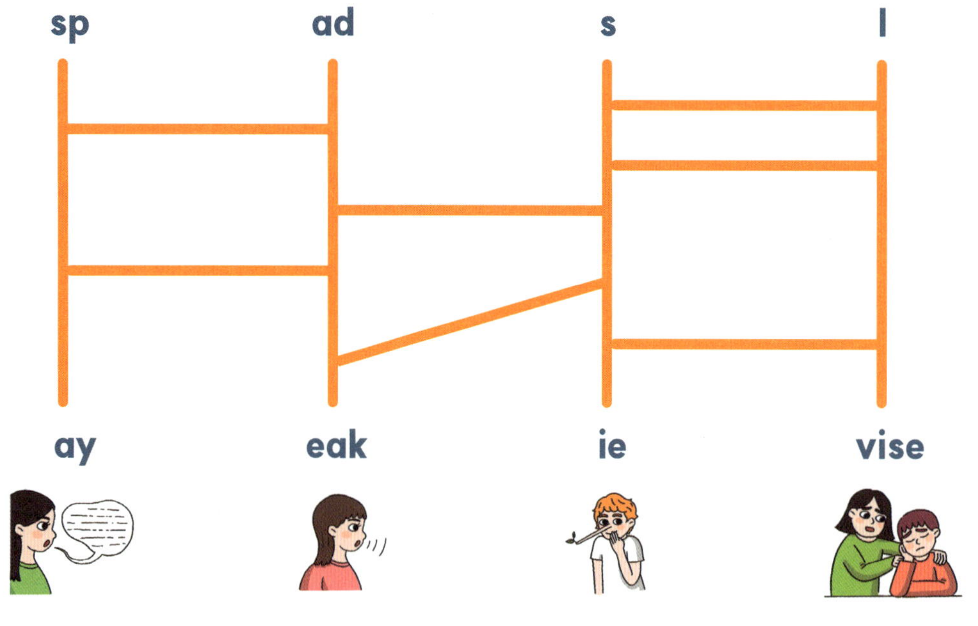

2 다음 그림을 보고 단어를 바르게 쓰세요.

(1) speak

(2) tell

(3) lie

(4) advise

(5) announce

3 다음 보기에서 알맞은 단어를 골라 문장을 완성하세요.

─── 보기 ───

talk   say   call   ask   answer

(1) **They wanted to** ____t____________ **to me.**
말하다

(2) **They wanted to** ____s____________ **to me.**
말하다

(3) **They wanted to** ________________ **me.**
~에게 전화하다

(4) **They wanted to** ________________ **that.**
~을 묻다

(5) **They wanted to** ________________ **that.**
~을 대답하다

5 | 몸을 움직여요

push

pull

open

close

move

stop

hold

drop

sit

stand

Activity 1 다음 암호를 풀어 단어를 바르게 쓰세요.

 ☆ d
 ◆ l
 △ o
 ♡ p
 □ s

♡ u ◆ ◆

_ _ _ _

□ t △ ♡

_ _ _ _

△ ♡ e n

_ _ _ _

h △ ◆ ☆

_ _ _ _

c ◆ △ □ e

_ _ _ _ _

☆ r △ ♡

_ _ _ _

2 다음 그림을 보고 단어를 바르게 쓰세요.

(1) move

(2) stop

(3) drop

(4) sit

(5) stand

3 다음 보기에서 알맞은 단어를 골라 문장을 완성하세요.

─── 보기 ───

push   pull   open   close   hold

(1) **Please** _______________ **it for me.**
~을 당기다

(2) **Please** _______________ **it for me.**
~을 밀다

(3) **Please** _______________ **it for me.**
~을 잡고 있다

(4) **Please** _______________ **it for me.**
~을 닫다

(5) **Please** _______________ **it for me.**
~을 열다

6 | 하루를 보내요

wake up

brush

wash

wear

eat

study

clean up

exercise

rest

sleep

Activity 1 다음 낱말을 보고 단어 퍼즐을 완성하세요.

Down ⬇
① ~을 닦다
② 자다
⑤ 청소하다

Across ➡
❸ ~을 공부하다
❹ 운동하다
❻ ~을 입다

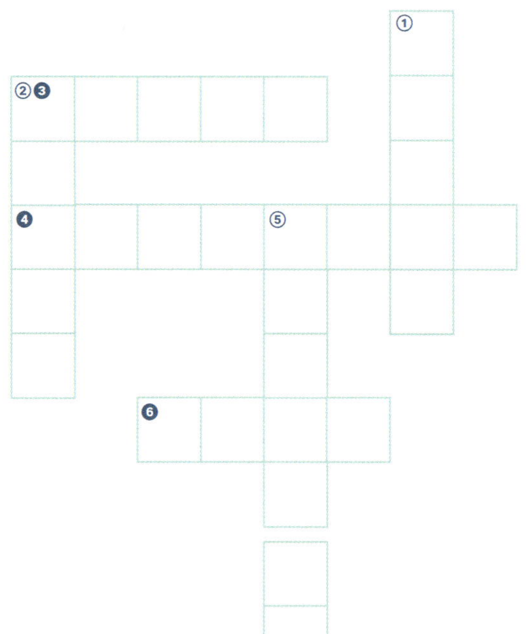

Read and Write

2 다음 그림을 보고 단어를 바르게 쓰세요.

(1) brush

(2) wash

(3) wear

(4) eat

(5) study

Make a Sentence

3 다음 보기에서 알맞은 단어를 골라 문장을 완성하세요.

보기

wake up　clean up　exercise　rest　sleep

(1) You should ______________ .
자다

(2) You should ______________ .
일어나다

(3) You should ______________ .
운동하다

(4) You should ______________ .
청소하다

(5) You should ______________ .
쉬다

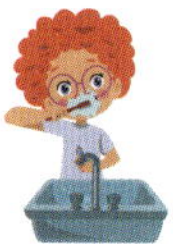

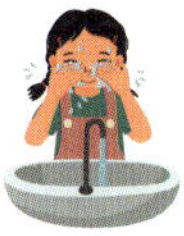

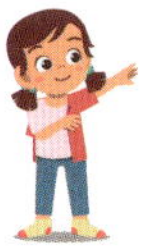

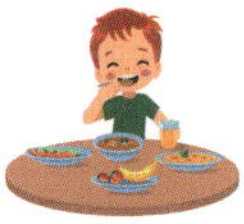

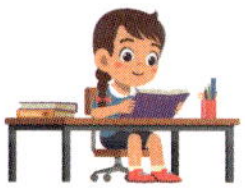

7 | 요리를 해요

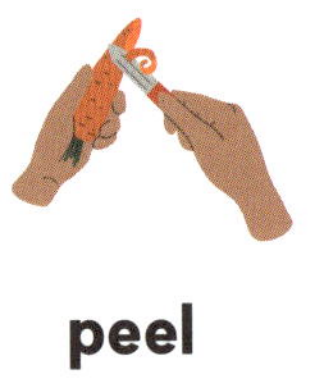

peel

cut

chop

boil

add

mix

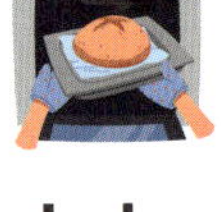

bake

fry

grill

pour

Activity 1 다음 단어를 찾아 ○ 하세요.

peel cut boil mix bake fry

v	s	b	p	s	m	i	b
k	m	f	z	t	i	h	a
f	r	y	b	g	x	j	k
p	a	z	b	s	g	g	e
h	e	i	v	o	k	a	b
q	o	e	j	b	i	h	i
m	b	d	l	u	o	l	w
q	c	u	t	x	q	i	f

Read and Write

2 다음 그림을 보고 단어를 바르게 쓰세요.

(1) grill

(2) add

(3) mix

(4) fry

(5) pour

Make a Sentence

3 다음 보기에서 알맞은 단어를 골라 문장을 완성하세요.

보기

peel chop boil bake cut

(1) **The cooks** ______ **some bread.**
~을 굽다

(2) **The cooks** ______ **some water.**
~을 끓이다

(3) **The cooks** ______ **some meat.**
~을 자르다

(4) **The cooks** ______ **some carrot.**
~을 잘게 썰다

(5) **The cooks** ______ **some potatoes.**
~을 벗기다

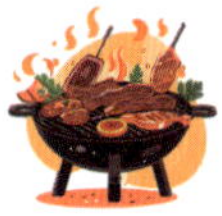

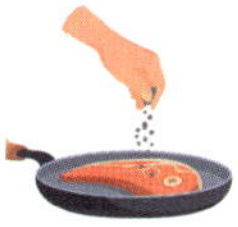

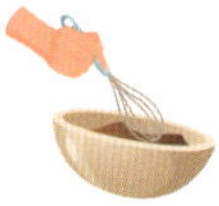

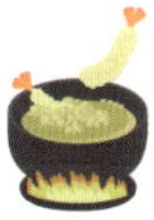

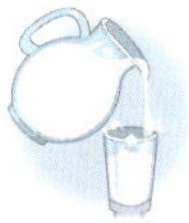

WORD BANK

dust

hang

mop

sweep

pick

carry

clear

wipe

Activity 1 다음 그림에 해당하는 단어를 찾아 ○ 하고, 빈칸에 체크하세요.

w	i	c	a	c	l	e	a	r	w	p	i	c	k
i													p
d													i
e													a
w													d
i													w
p													c
e													a
c													r
a													r
y													y
a													e
d													e
p	u	h	a	n	g	a	g	s	w	e	e	p	p

Read and Write

2 다음 그림을 보고 단어를 바르게 쓰세요.

(1) dust

(2) sweep

(3) pick

(4) carry

(5) wipe

Make a Sentence

3 다음 보기에서 알맞은 단어를 골라 문장을 완성하세요.

보기

wipe clear sweep mop hang

(1) I help Mom .... the floor.
~을 쓸다

(2) I help Mom .... the floor.
~을 대걸레로 닦다

(3) I help Mom .... the table.
~을 치우다

(4) I help Mom .... the table.
~을 닦다

(5) I help Mom .... the clothes.
~을 걸다

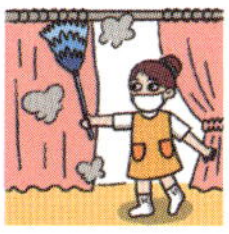

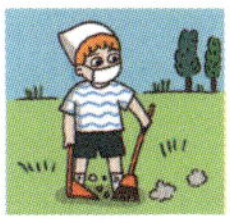

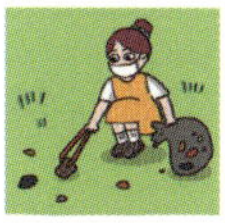

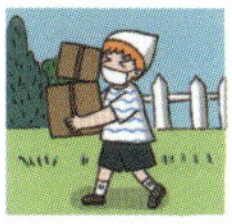

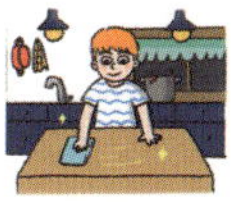

9 | 즐겁게 함께 해 봐요

WORD BANK

sing	play	dance	draw	cook

travel	enjoy	watch	build	collect

Activity 1

다음 사다리를 따라가서 단어를 완성하고, 바르게 쓰세요.

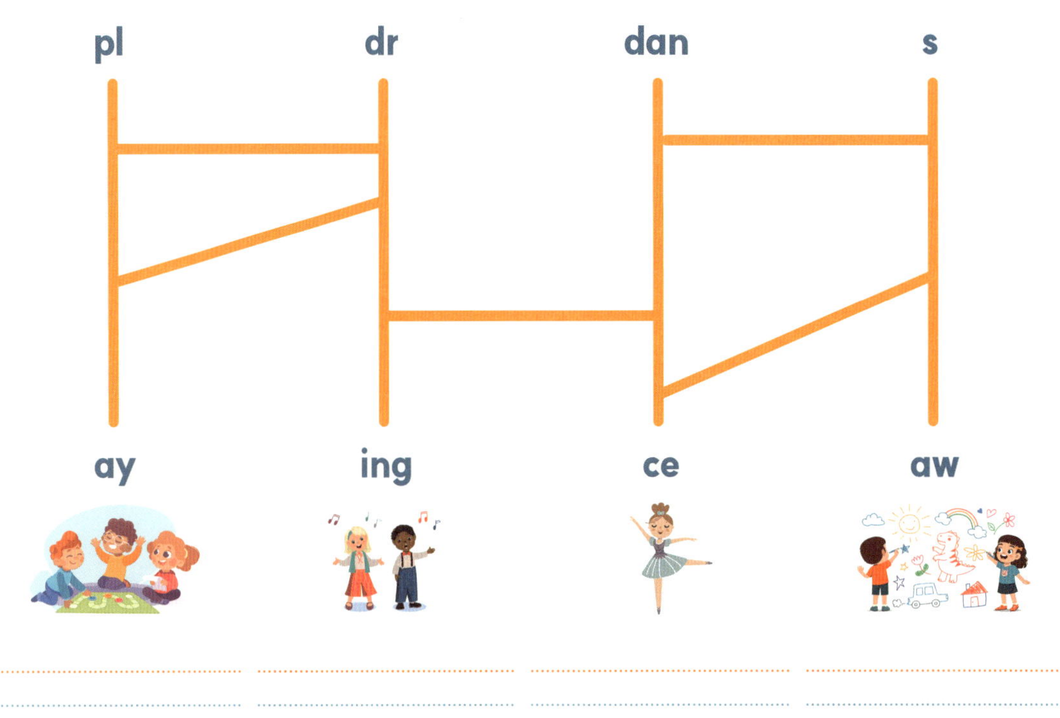

2 다음 그림을 보고 단어를 바르게 쓰세요.

(1) enjoy

(2) watch

(3) build

(4) collect

(5) travel

3 다음 보기에서 알맞은 단어를 골라 문장을 완성하세요.

─── 보기 ───

sing   cook   play   draw   dance

(1) **My friends like to** _____________ **with me.**
놀다

(2) **My friends like to** _____________ **with me.**
그리다

(3) **My friends like to** _____________ **with me.**
춤추다

(4) **My friends like to** _____________ **with me.**
노래하다

(5) **My friends like to** _____________ **with me.**
요리하다

10 | 학교에서 배워요

teach

learn

raise

spell

discuss

borrow

read

explain

write

focus

Activity 1

다음 암호를 풀어 단어를 바르게 쓰세요.

☆	a
◇	e
△	l
♡	p
□	r

t ◇ ☆ c h

_ _ _ _ _

s ♡ ◇ △ △

_ _ _ _ _

□ ☆ i s ◇

_ _ _ _ _

△ ◇ ☆ □ n

_ _ _ _ _

◇ x ♡ △ ☆ i n

w □ i t ◇

_ _ _ _ _ _ _   _ _ _ _ _

Read and Write

2 다음 그림을 보고 단어를 바르게 쓰세요.

(1)

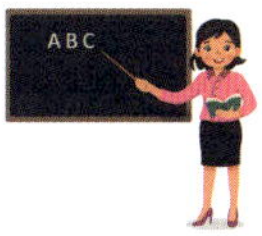

teach

(2)
learn

(3)
raise

(4)
focus

(5)
borrow

Make a Sentence

3 다음 보기에서 알맞은 단어를 골라 문장을 완성하세요.

보기

spell　explain　discuss　read　write

(1) We .... it at school.
~을 읽다

(2) We .... it at school.
~을 쓰다

(3) We .... it at school.
~을 철자에 맞게 쓰다

(4) We .... it at school.
~을 설명하다

(5) We .... it at school.
~을 토의하다

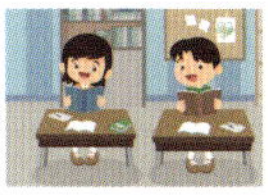

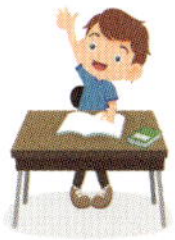

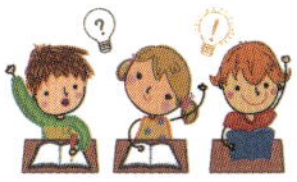

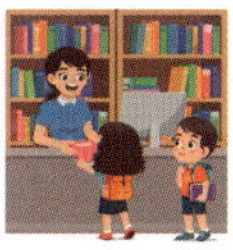

11 | 씩씩하게 운동해요

1 다음 낱말을 보고 단어 퍼즐을 완성하세요.

Down ⬇
① 걷다
② 수영하다
⑤ ~을 잡다

Across ➡
❸ 스케이트를 타다
❹ ~을 차다
❻ ~을 치다

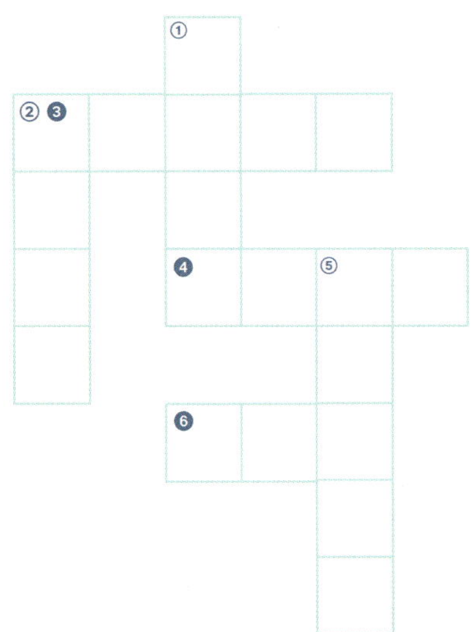

2 다음 그림을 보고 단어를 바르게 쓰세요.

(1) jump

(2) climb

(3) throw

(4) swim

(5) skate

3 다음 보기에서 알맞은 단어를 골라 문장을 완성하세요.

─── 보기 ───

kick   catch   hit   walk   run

(1) **We** ________________ **in the P.E. class.**
달리다

(2) **We** ________________ **in the P.E. class.**
걷다

(3) **We** ________________ **a ball in the P.E. class.**
~을 잡다

(4) **We** ________________ **a ball in the P.E. class.**
~을 차다

(5) **We** ________________ **a ball in the P.E. class.**
~을 치다

12 | 사이좋게 지내요

agree

believe

help

thank

visit

meet

welcome

introduce

share

marry

Activity 1

다음 단어를 찾아 ○ 하세요.

believe meet visit share help

b	o	i	q	h	h	g	c
m	e	e	t	b	b	x	e
n	l	l	s	e	r	n	h
r	a	s	i	h	a	q	e
v	c	b	x	e	a	w	l
i	i	y	w	g	v	r	p
i	j	s	l	e	v	e	e
h	w	p	i	g	s	f	n
g	y	w	i	t	k	f	j

2 다음 그림을 보고 단어를 바르게 쓰세요.

(1) agree

(2) help

(3) visit

(4) share

(5) marry

3 다음 보기에서 알맞은 단어를 골라 문장을 완성하세요.

― 보기 ―

believe thank meet welcome introduce

(1) They ________ each other.
~을 만나다

(2) They ________ each other.
~에게 감사하다

(3) They ________ each other.
~을 믿다

(4) They ________ each other.
~을 소개하다

(5) They ________ each other.
~을 환영하다

13 | 길을 찾아가요

Activity

1 다음 그림에 해당하는 단어를 찾아 ○ 하고, 빈칸에 체크하세요.

2 다음 그림을 보고 단어를 바르게 쓰세요.

(1) pass

(2) ride

(3) drive

(4) find

(5) follow

3 다음 보기에서 알맞은 단어를 골라 문장을 완성하세요.

─── 보기 ───

arrive   return   turn   cross   leave

(1) **Please** _______________ **right away.**
건너다

(2) **Please** _______________ **right away.**
돌다

(3) **Please** _______________ **right away.**
떠나다

(4) **Please** _______________ **right away.**
도착하다

(5) **Please** _______________ **right away.**
돌아오다

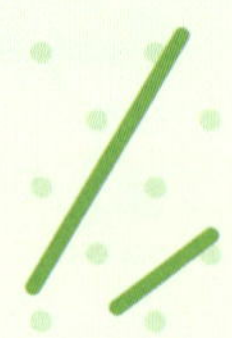

WORD BANK

sell

choose

try on

check

pack

order

pay

buy

Activity 1

다음 사다리를 따라가서 단어를 완성하고, 바르게 쓰세요.

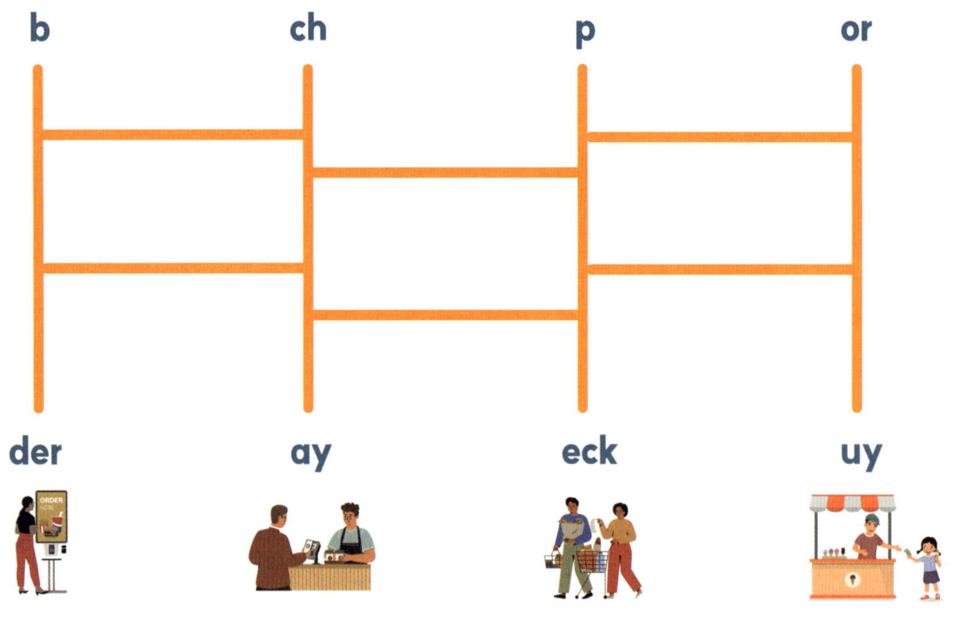

Read and Write

2 다음 그림을 보고 단어를 바르게 쓰세요.

(1)

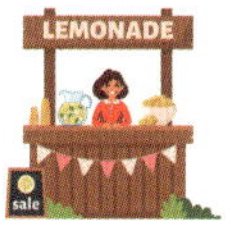

sell

(2)
check

(3)
pack

(4)
pay

(5)
buy

Make a Sentence

3 다음 보기에서 알맞은 단어를 골라 문장을 완성하세요.

보기

sell buy choose try on order

(1) I'm going to .... the jacket.
~을 사다

(2) I'm going to .... the jacket.
~을 입어 보다

(3) I'm going to .... the jacket.
~을 선택하다

(4) I'm going to .... the jacket.
~을 주문하다

(5) I'm going to .... the jacket.
~을 팔다

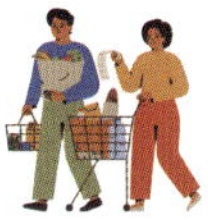

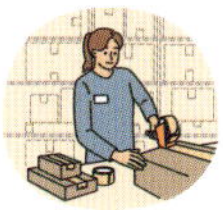

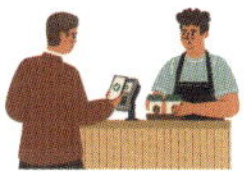

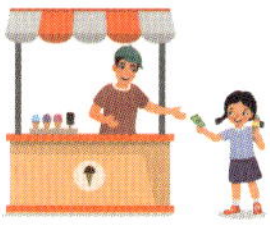

15 | 일상에서 하는 행동이에요

WORD BANK

bring

fix

wait

join

start

finish

use

change

show

work

Activity 1 다음 암호를 풀어 단어를 바르게 쓰세요.

| ☆ a |
| ◈ i |
| ♡ n |
| △ o |
| ☐ t |

b r ◈ ♡ g

_ _ _ _ _

w ☆ ◈ ☐

_ _ _ _

j △ ◈ ♡

_ _ _ _

s ☐ ☆ r ☐

_ _ _ _ _

c h ☆ ♡ g e

_ _ _ _ _ _

s h △ w

_ _ _ _

Read and Write

2 다음 그림을 보고 단어를 바르게 쓰세요.

(1) use

(2) wait

(3) join

(4) work

(5) show

Make a Sentence

3 다음 보기에서 알맞은 단어를 골라 문장을 완성하세요.

보기

bring fix start finish change

(1) Please .... it right now.
~을 시작하다

(2) Please .... it right now.
~을 바꾸다

(3) Please .... it right now.
~을 고치다

(4) Please .... it right now.
~을 가져오다

(5) Please .... it right now.
~을 끝내다

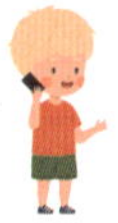

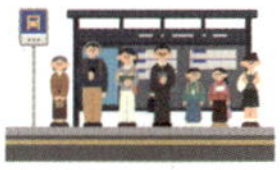

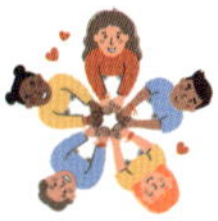

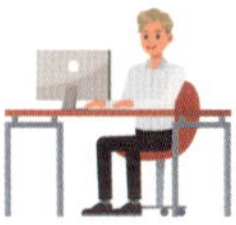

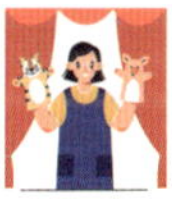

 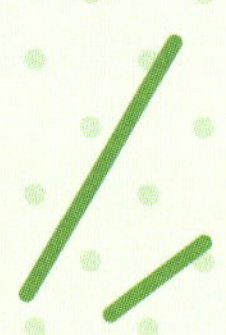

16 | 이렇게 하지 마세요

shout

break

fail

lose

give up

fight

quit

kill

1 다음 낱말을 보고 단어 퍼즐을 완성하세요.

Down ⬇
② ~을 죽이다
④ ~와 싸우다

Across ➡
❶ ~을 부수다
❸ 실패하다
❺ ~을 잃다
❻ 소리 지르다

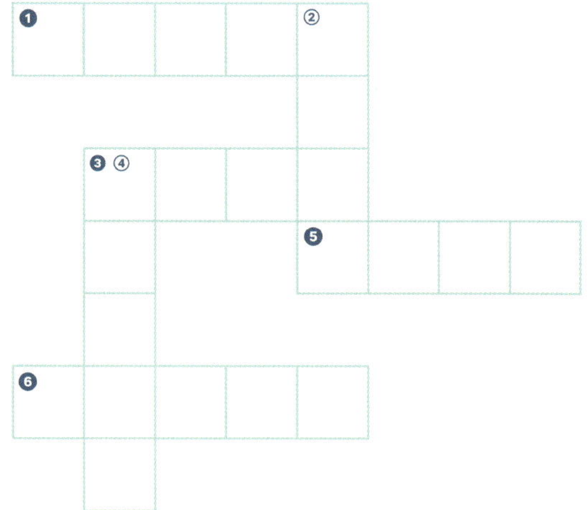

2 다음 그림을 보고 단어를 바르게 쓰세요.

(1) fight

(2) fail

(3) kill

(4) give up

(5) break

3 다음 보기에서 알맞은 단어를 골라 문장을 완성하세요.

──── 보기 ────

shout   give up   lose   quit   break

(1) **Be sure not to** ____________ .
포기하다

(2) **Be sure not to** ____________ .
그만두다

(3) **Be sure not to** ____________ .
소리 지르다

(4) **Be sure not to** ____________ **this.**
~을 부수다

(5) **Be sure not to** ____________ **this.**
~을 잃다

Chapter 3

1 | 기분에 관해 말해요

 happy    excited    proud    sad    afraid

 tired    angry    bored    upset    lonely

Activity 1 다음 단어를 찾아 ○ 하세요.

happy   sad   afraid   tired   excited

a	e	x	q	k	g	e	k	y
j	o	x	c	x	p	n	h	n
s	q	r	c	u	m	y	a	k
y	a	u	q	i	p	o	p	t
t	f	d	c	x	t	l	p	i
a	f	r	a	i	d	e	y	r
m	d	u	j	c	o	f	d	e
l	c	y	o	f	z	f	m	d

Read and Write

2 다음 그림을 보고 단어를 바르게 쓰세요.

(1) afraid

(2) lonely

(3) angry

(4) bored

(5) upset

Make a Sentence

3 다음 보기에서 알맞은 단어를 골라 문장을 완성하세요.

보기

happy sad tired proud excited

(1) **I feel so** ______________ .
행복한

(2) **I feel so** ______________ .
피곤한

(3) **I feel so** ______________ .
흥분한

(4) **I feel so** ______________ .
자랑스러운

(5) **I feel so** ______________ .
슬픈

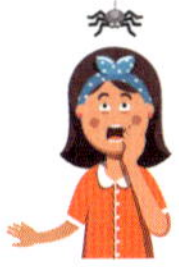

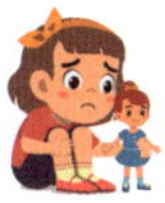

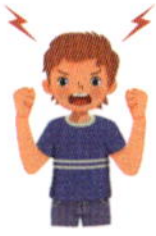

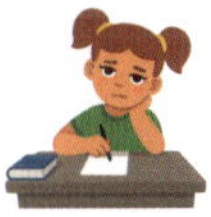

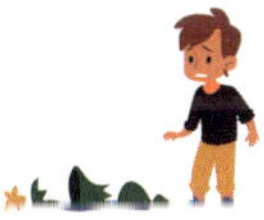

2 | 성격이나 행동에 관해 말해요

honest

kind

shy

brave

smart

strong

lazy

busy

polite

active

Activity 1

다음 사다리를 따라가서 단어를 완성하고, 바르게 쓰세요.

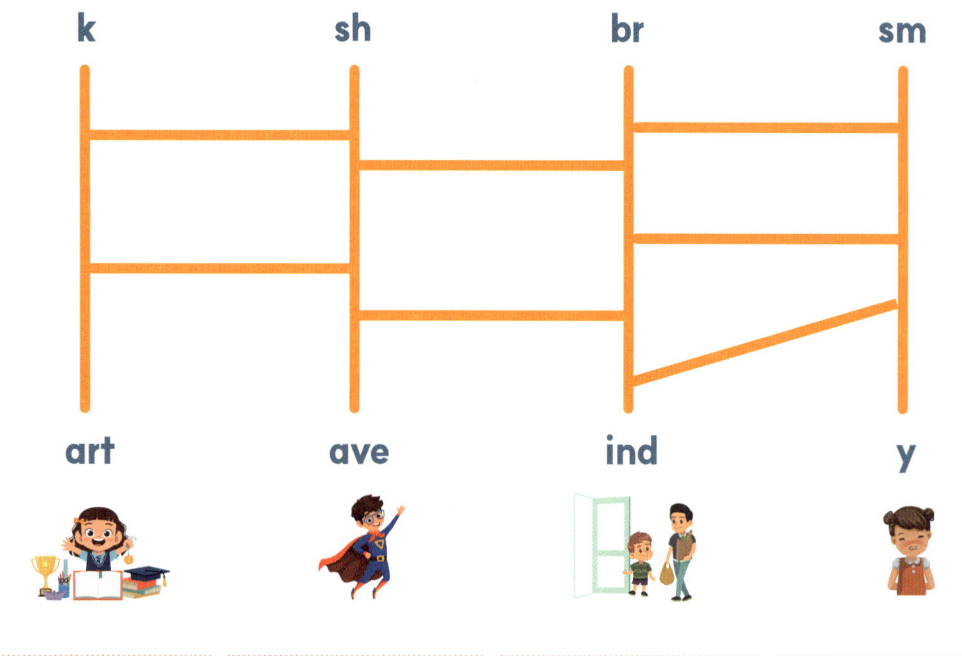

Read and Write

2 다음 그림을 보고 단어를 바르게 쓰세요.

(1) lazy

(2) shy

(3) strong

(4) busy

(5) active

Make a Sentence

3 다음 보기에서 알맞은 단어를 골라 문장을 완성하세요.

보기

kind honest brave smart polite

(1) I like a .... person.
예의 바른

(2) I like a .... person.
친절한

(3) I like a .... person.
용감한

(4) I like a .... person.
똑똑한

(5) I like an .... person.
정직한

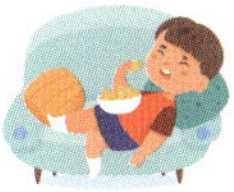

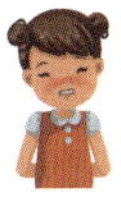

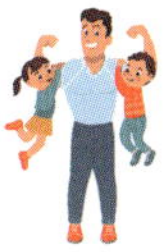

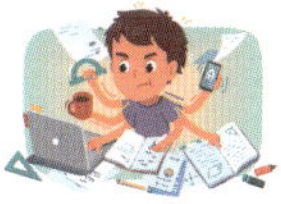

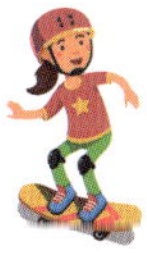

3 | 긍정적 표현이에요

WORD BANK

great	good	nice	fine	okay
safe	easy	perfect	favorite	healthy

다음 암호를 풀어 단어를 바르게 쓰세요.

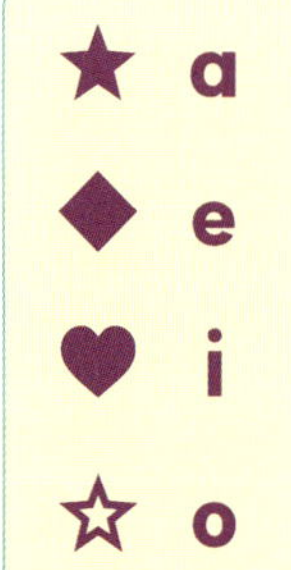

g ☆ ☆ d   n ♥ c ◆

_ _ _ _   _ _ _ _

g r ◆ ★ t   ◆ ★ s y

_ _ _ _ _   _ _ _ _

☆ k ★ y   s ★ f ◆

_ _ _ _   _ _ _ _

Read and Write

2 다음 그림을 보고 단어를 바르게 쓰세요.

(1) okay okay

(2) fine fine

(3) great great

(4) favorite favorite

(5) nice nice

Make a Sentence

3 다음 보기에서 알맞은 단어를 골라 문장을 완성하세요.

보기

safe good healthy perfect easy

(1) This one is ______________ .
안전한

(2) This one is ______________ .
쉬운

(3) This one is ______________ .
완벽한

(4) This one is ______________ .
건강한

(5) This one is ______________ .
좋은

4 | 부정적 표현이에요

bad	sick	dangerous	nervous	difficult

scary	terrible	crowded	weak	messy

Activity

1 다음 그림에 해당하는 단어를 찾아 ○ 하고, 빈칸에 체크하세요.

	d	i	f	f	i	c	u	l	t	e	s	i	c	k	
d														k
a														c
n														i
g														w
e														i
r														n
o														d
u														a
s														n
a														m
r														e
y														s
z														s
j	w	e	a	k	c	o	r	a	s	c	a	r	y

Read and Write

2 다음 그림을 보고 단어를 바르게 쓰세요.

(1) bad

(2) sick

(3) nervous

(4) crowded

(5) weak

Make a Sentence

3 다음 보기에서 알맞은 단어를 골라 문장을 완성하세요.

보기

dangerous difficult scary terrible messy

(1) That one is ______________.
끔찍한

(2) That one is ______________.
지저분한

(3) That one is ______________.
무서운

(4) That one is ______________.
위험한

(5) That one is ______________.
어려운

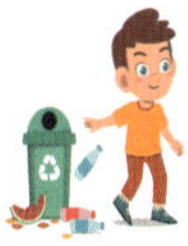

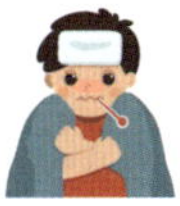

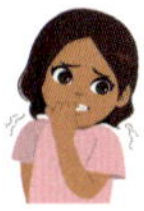

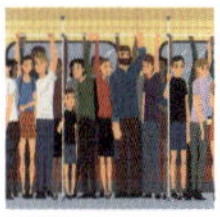

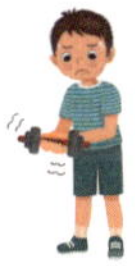

5 | 맛에 관해 말해요

WORD BANK

delicious

sweet

salty

oily

juicy

spicy

bland

plain

bitter

sour

Activity

1 다음 낱말을 보고 단어 퍼즐을 완성하세요.

Down ⬇
① 매운
② 짠
⑤ 신

Across ➡
❸ 담백한
❹ 맛있는
❻ 기름기가 많은
❼ 즙이 많은
❽ 쓴

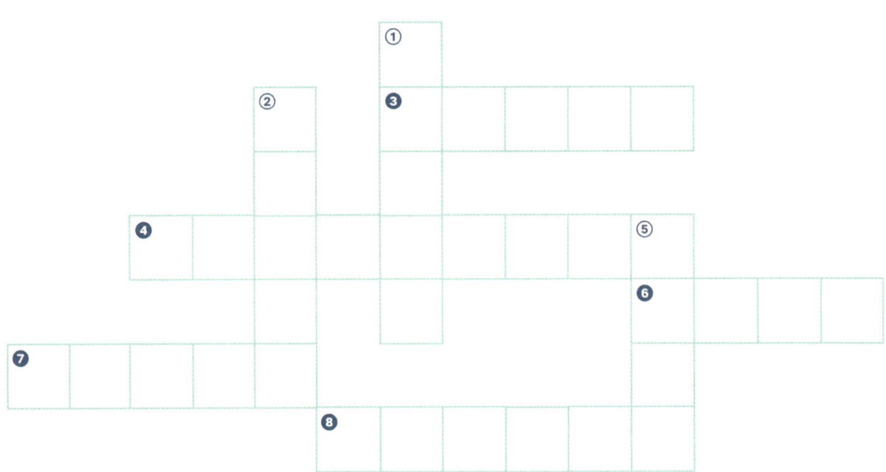

Read and Write

2 다음 그림을 보고 단어를 바르게 쓰세요.

(1) juicy

(2) salty

(3) oily

(4) plain

(5) bitter

Make a Sentence

3 다음 보기에서 알맞은 단어를 골라 문장을 완성하세요.

보기

delicious sweet bland spicy sour

(1) The food tastes ______________ .
싱거운

(2) The food tastes ______________ .
달콤한

(3) The food tastes ______________ .
맛있는

(4) The food tastes ______________ .
신

(5) The food tastes ______________ .
매운

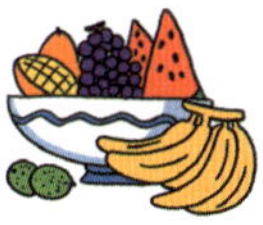

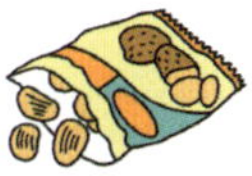

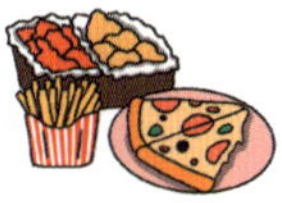

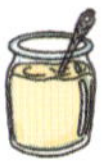

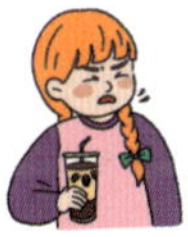

Activity 1

다음 단어를 찾아 ○ 하세요.

long dark straight small tall short

x	b	t	a	l	l	j	k
s	u	b	k	p	n	i	m
t	s	e	s	m	a	l	l
r	w	c	s	h	o	r	t
a	h	d	a	r	k	l	v
i	g	i	h	l	i	n	r
g	f	k	q	o	a	h	w
h	z	o	k	n	k	t	z
t	b	c	c	g	u	q	q

2 다음 그림을 보고 단어를 바르게 쓰세요.

(1) large

(2) curly

(3) dark

(4) tall

(5) bright

3 다음 보기에서 알맞은 단어를 골라 문장을 완성하세요.

─── 보기 ───

big   short   straight   long   small

(1) **We use** _____________ **things to make it.**
큰

(2) **We use** _____________ **things to make it.**
작은

(3) **We use** _____________ **things to make it.**
곧은

(4) **We use** _____________ **things to make it.**
긴

(5) **We use** _____________ **things to make it.**
짧은, 키가 작은

7 | 관찰해 보아요

Activity 1

다음 사다리를 따라가서 단어를 완성하고, 바르게 쓰세요.

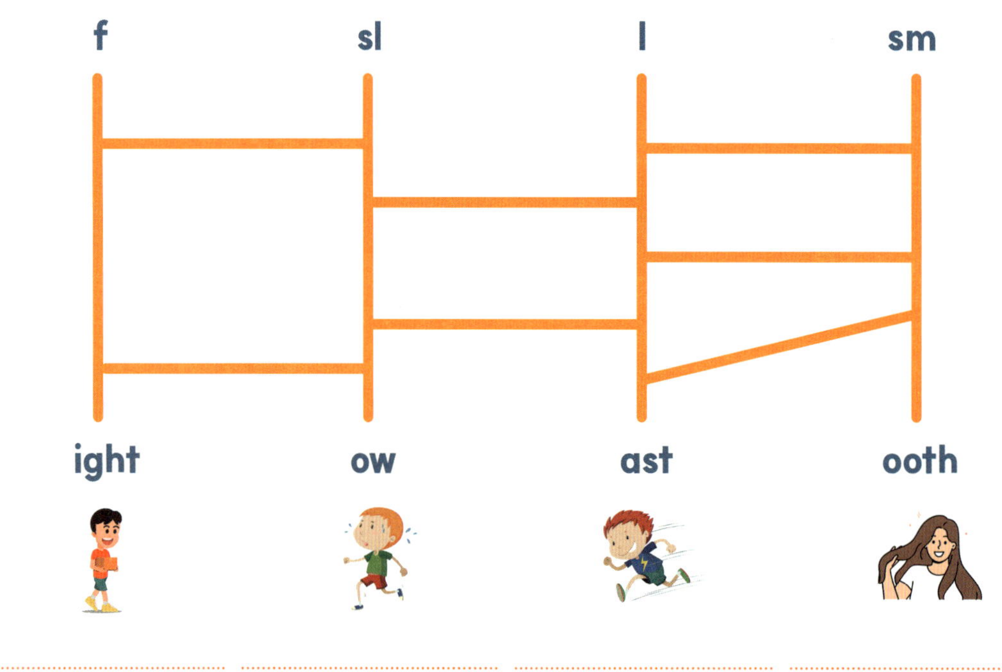

Read and Write

2 다음 그림을 보고 단어를 바르게 쓰세요.

(1) deep

(2) fast

(3) slow

(4) smooth

(5) empty

Make a Sentence

3 다음 보기에서 알맞은 단어를 골라 문장을 완성하세요.

보기

heavy light little hard soft

(1) We need ____________ things to build it.
부드러운

(2) We need ____________ things to build it.
가벼운

(3) We need ____________ things to build it.
무거운

(4) We need ____________ things to build it.
작은

(5) We need ____________ things to build it.
딱딱한

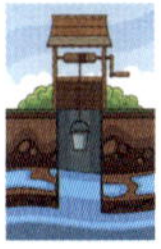

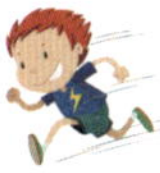

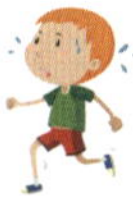

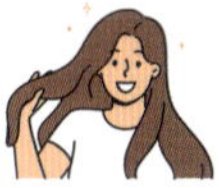

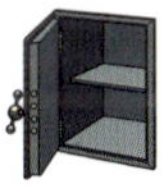

8 | 여러 가지 색깔로 칠해요

Activity 1 다음 암호를 풀어 단어를 바르게 쓰세요.

2 다음 그림을 보고 단어를 바르게 쓰세요.

(1) black

(2) blue

(3) brown

(4) gray

(5) orange

3 다음 보기에서 알맞은 단어를 골라 문장을 완성하세요.

— 보기 —

green　pink　red　white　yellow

---

(1) **I draw a** _______________ **apple.**
빨간색의

(2) **I draw a** _______________ **apple.**
노란색의

(3) **I draw a** _______________ **apple.**
초록색의

(4) **I draw a** _______________ **apple.**
분홍색의

(5) **I draw a** _______________ **apple.**
하얀색의

 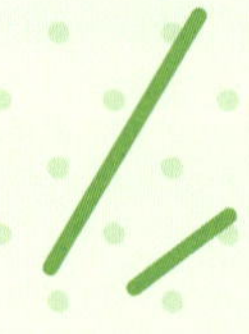

9 | 이렇게 설명해요

WORD BANK

famous	handsome	beautiful	pretty	cute
funny	clever	dirty	ugly	foolish

Activity 1

다음 그림에 해당하는 단어를 찾아 ○ 하고, 빈칸에 체크하세요.

Read and Write

2 다음 그림을 보고 단어를 바르게 쓰세요.

(1) famous

(2) handsome

(3) beautiful

(4) clever

(5) foolish

Make a Sentence

3 다음 보기에서 알맞은 단어를 골라 문장을 완성하세요.

보기

cute pretty dirty funny ugly

(1) The shoes look ______________.
귀여운

(2) The shoes look ______________.
못생긴

(3) The shoes look ______________.
웃긴, 이상한

(4) The shoes look ______________.
더러운

(5) The shoes look ______________.
예쁜

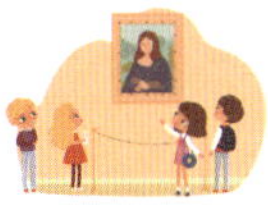

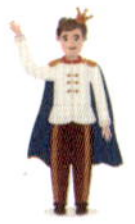

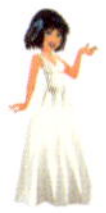

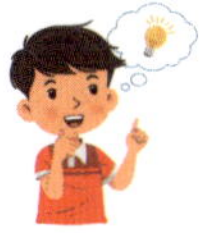

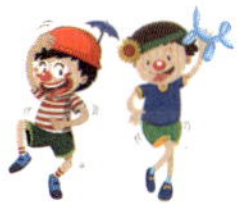

WORD BANK

hot | **cloudy** | **snowy** | **windy** | **cold**

rainy | **chilly** | **foggy** | **sunny** | **stormy**

Activity 1

다음 낱말을 보고 단어 퍼즐을 완성하세요.

Down ⬇
① 안개 낀
③ 바람 부는
⑥ 추운

Across ➡
❷ 더운
❹ 비 내리는
❺ 흐린

Read and Write

2 다음 그림을 보고 단어를 바르게 쓰세요.

(1) snowy

(2) chilly

(3) windy

(4) foggy

(5) stormy

Make a Sentence

3 다음 보기에서 알맞은 단어를 골라 문장을 완성하세요.

보기

hot cold sunny rainy cloudy

(1) The weather is ______________ today.
맑은

(2) The weather is ______________ today.
더운

(3) The weather is ______________ today.
추운

(4) The weather is ______________ today.
흐린

(5) The weather is ______________ today.
비 내리는

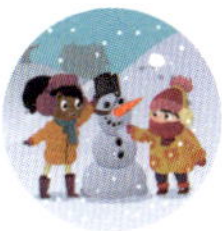

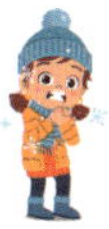

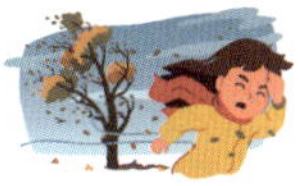

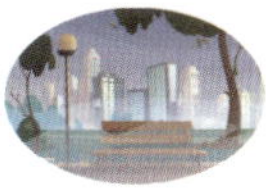

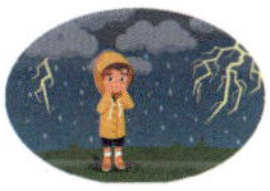

Chapter 4

1 | 때를 알려 줘요

later

soon

just

next

lately

quickly

once

yesterday

today

tomorrow

 **Activity**

1 다음 단어를 찾아 ○ 하세요.

just   next   once   yesterday   today   tomorrow

y	i	t	s	l	q	j	j	l	c
j	e	g	o	e	p	s	u	z	x
n	w	s	o	m	l	d	n	s	v
e	t	s	t	m	o	v	g	n	t
x	o	o	r	e	w	r	a	m	r
t	n	p	d	j	r	o	r	k	x
c	c	k	o	a	k	d	z	o	q
h	e	b	u	g	y	c	a	h	w
q	g	t	l	u	p	u	w	y	h

Read and Write

2 다음 그림을 보고 단어를 바르게 쓰세요.

(1)

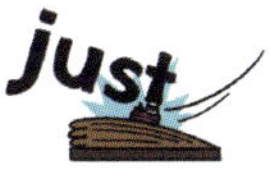

just

(2)

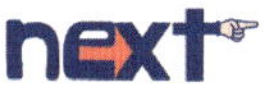

next

(3)

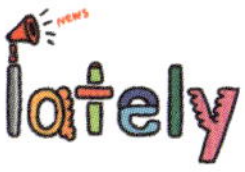

lately

(4)

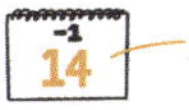

yesterday

(5)

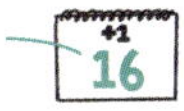

tomorrow

Make a Sentence

3 다음 보기에서 알맞은 단어를 골라 문장을 완성하세요.

보기

soon once today later quickly

(1) Let's get ready ______________ .
나중에

(2) Let's get ready ______________ .
한 번

(3) Let's get ready ______________ .
곧

(4) Let's get ready ______________ .
빨리

(5) Let's get ready ______________ .
오늘

WORD BANK

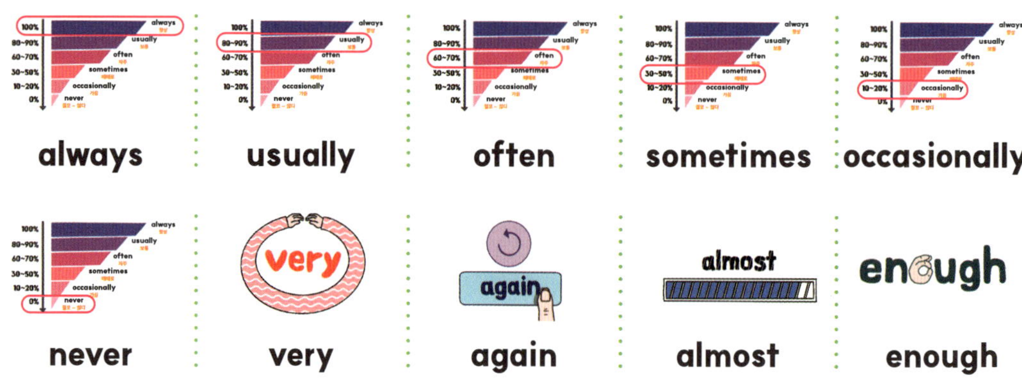

Activity 1

가로줄과 세로줄, 같은 칸에 단어가 겹치지 않도록 아래 단어를 쓰세요.

never again very often enough always

never	again		enough	always	
often		always	never	again	very
again	always		often	very	
	never	often		enough	always
enough	very	never	always		
always		again	very	never	enough

2 다음 그림을 보고 단어를 바르게 쓰세요.

(1) sometimes

(2) occasionally

(3) very

(4) almost

(5) enough

3 다음 보기에서 알맞은 단어를 골라 문장을 완성하세요.

─── 보기 ───

always   often   usually   never   again

(1) My brother ________________ wakes up late.
항상

(2) My brother ________________ wakes up late.
결코 ~ 않다

(3) My brother ________________ wakes up late.
보통

(4) My brother wakes up late ________________.
다시, 또

(5) My brother wakes up late ________________.
자주

3 | 형용사를 꾸며 줘요

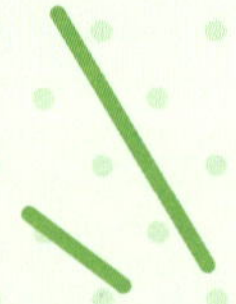

WORD BANK

only

quite

too

mostly

best

highly

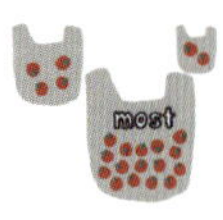
most

overly

really

rarely

Activity 1

다음 섞인 철자들을 바르게 배열하여 단어를 완성하세요.

(1) mtso →

(2) btse →

(3) ryaell →

(4) uetqi →

(5) rlreya →

(6) oynl →

Read and Write

2 다음 그림을 보고 단어를 바르게 쓰세요.

(1)

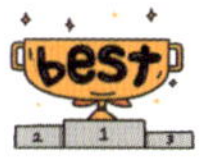

best

(2)

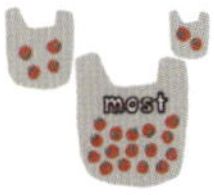

most

(3)

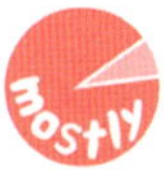

mostly

(4)

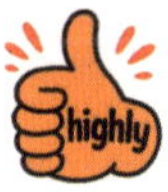

highly

(5)

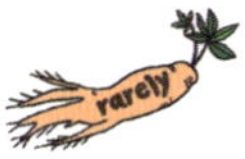

rarely

Make a Sentence

3 다음 보기에서 알맞은 단어를 골라 문장을 완성하세요.

보기

too really only quite overly

(1) The car is ______________ fast.
꽤

(2) The car is ______________ fast.
지나치게

(3) The car is ______________ fast.
너무

(4) The car is ______________ fast.
정말로

(5) The car is ______________ fast.
오직

Chapter 5

Activity 1

서로 뜻이 반대되는 단어끼리 연결하고, 단어를 쓰세요.

Read and Write

2 다음 그림을 보고 단어를 바르게 쓰세요.

(1) sky

(2) country

(3) city

(4) back

Make a Sentence

3 다음 보기에서 알맞은 단어를 골라 문장을 완성하세요.

보기

city bottom nothing country front
back ground sky top everything

(1) The ________ (도시) is busy but the ________ (시골) is quiet.

(2) We look up the ________ (하늘) but we look down the ________ (땅).

(3) The bird is on the ________ (맨 위) but the ant is at the ________ (맨 아래).

(4) She sits in the ________ (앞쪽) but he stands in the ________ (뒤쪽).

(5) You have ________ (모든 것) but I have ________ (아무것도).

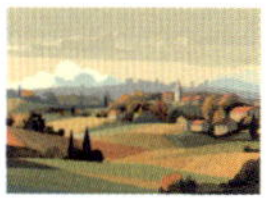

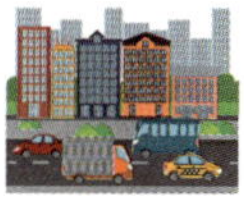

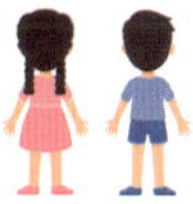

2 | 서로 반대되는 말이에요 2

WORD BANK

| boy | man | son | husband | children |

| girl | woman | daughter | wife | parents |

Activity 1

다음 단어의 반대말을 쓰고, 짝이 되는 반대말끼리 같은 색으로 색칠하세요.

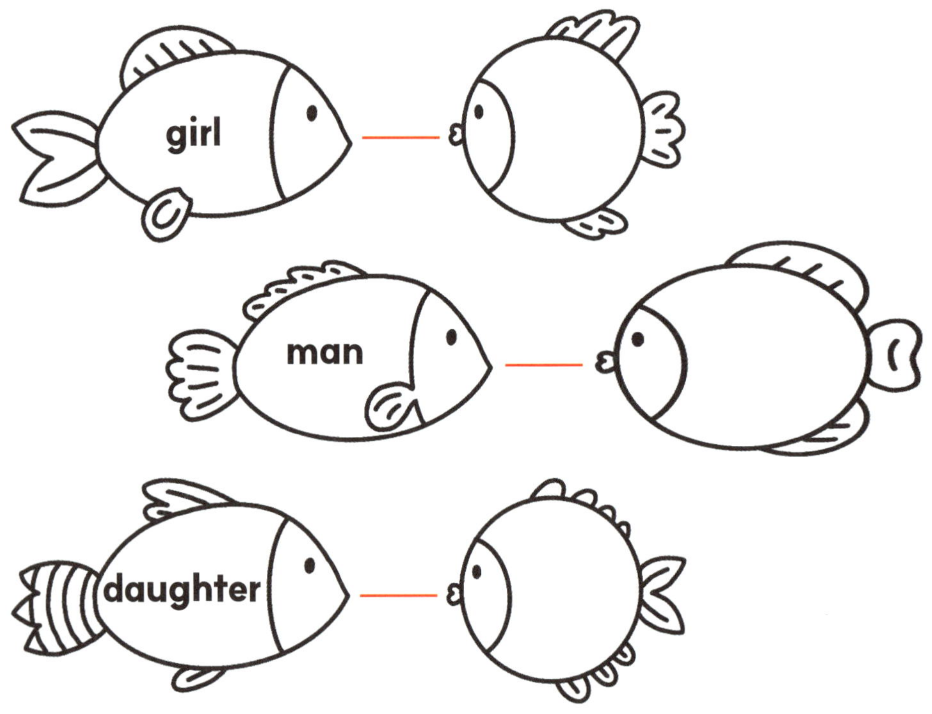

2 다음 그림을 보고 단어를 바르게 쓰세요.

(1) parents

(2) son

(3) wife

(4) woman

3 다음 보기에서 알맞은 단어를 골라 문장을 완성하세요.

--- 보기 ---

parents   husband   son   children   woman

man   daughter   girl   boy   wife

(1) The __________ dances but the __________ swims.
　　　　소녀　　　　　　　　　　　소년

(2) The __________ goes there but the __________ comes here.
　　　　남자　　　　　　　　　　　여자

(3) His __________ runs but her __________ walks.
　　　아들　　　　　　　　　　딸

(4) The __________ cooks but the __________ laughs.
　　　남편　　　　　　　　　아내

(5) The __________ jump but the __________ talk.
　　　아이들　　　　　　　　　부모님

3 | 서로 반대되는 말이에요 3

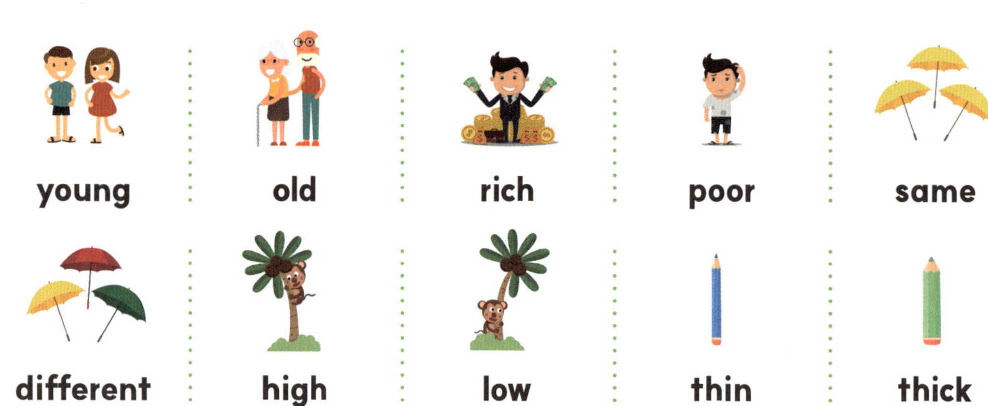

Activity 1

다음 단어의 반대말을 찾아 빈칸에 쓰세요.

old   thick   different   low

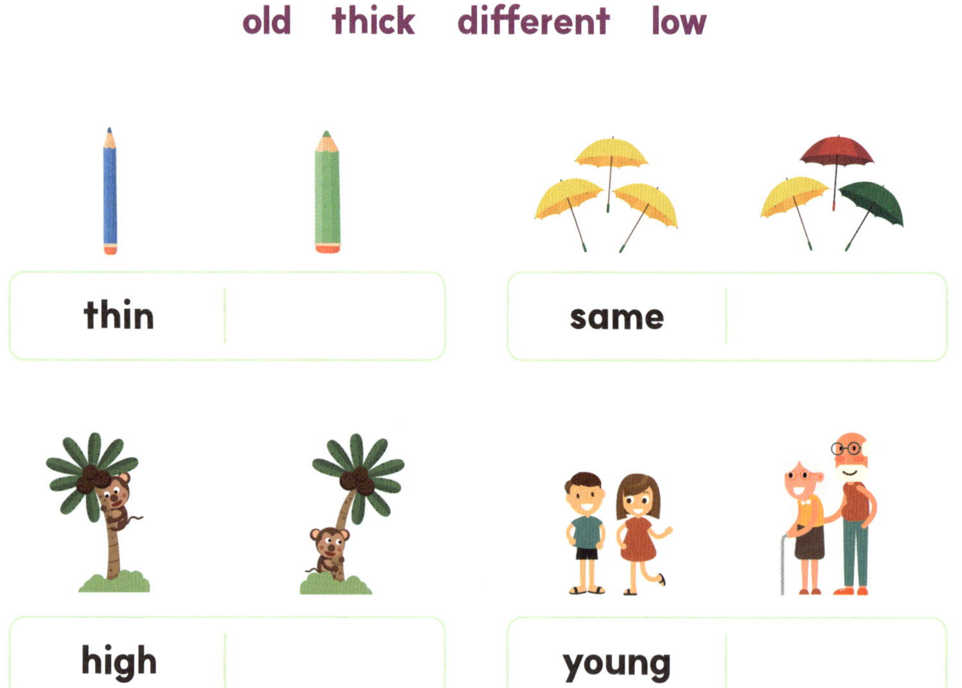

2 다음 그림을 보고 단어를 바르게 쓰세요.

(1) same

(2) low

(3) thin

(4) young

3 다음 보기에서 알맞은 단어를 골라 문장을 완성하세요.

— 보기 —

high   thin   different   young   old

poor   low   same   thick   rich

(1) **The man was** ______ **but the lady was** ______ .
　　　　　　　　　　어린, 젊은　　　　　　　　　　　나이가 많은

(2) **This country is** ______ **but that country is** ______ .
　　　　　　　　　　부유한　　　　　　　　　　　가난한

(3) **Our hats are the** ______ **but our shoes are** ______ .
　　　　　　　　　　같은　　　　　　　　　　　다른

(4) **The mountain is** ______ **but the river is** ______ .
　　　　　　　　　　높은　　　　　　　　　　　낮은

(5) **My pizza is** ______ **but your pizza is** ______ .
　　　　　　　　　　얇은　　　　　　　　　　　두꺼운

4 | 서로 반대되는 말이에요 4

1 다음 낱말을 보고 단어 퍼즐을 완성하세요.

Down ↓
① 젖은
② 틀린, 잘못된
④ 조용한
⑤ 마른

Across →
❸ 가까운
❻ 시끄러운

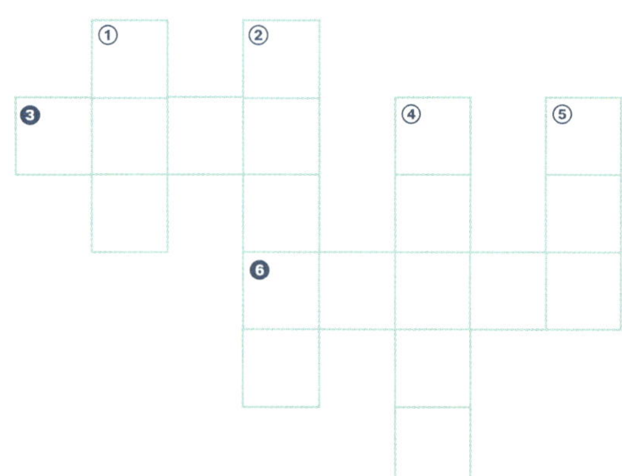

2 다음 그림을 보고 단어를 바르게 쓰세요.

(1) wet

(2) true

(3) quiet

(4) wrong

3 다음 보기에서 알맞은 단어를 골라 문장을 완성하세요.

보기

| quiet | noisy | right | wet | near |
| false | wrong | dry | far | true |

(1) **Your answer is** _____________ **but my answer is** _____________ .
옳은 · 틀린

(2) **The library is** _____________ **but the playground is** _____________ .
조용한 · 시끄러운

(3) **The story is** _____________ **but the picture is** _____________ .
사실인 · 거짓인

(4) **My shirt is** _____________ **but my socks are** _____________ .
마른 · 젖은

(5) **The bank is** _____________ **but the school is** _____________ .
가까운 · 먼

5 | 서로 반대되는 말이에요 5

다음 단어의 반대말을 쓰고, 같은 색으로 색칠하세요.

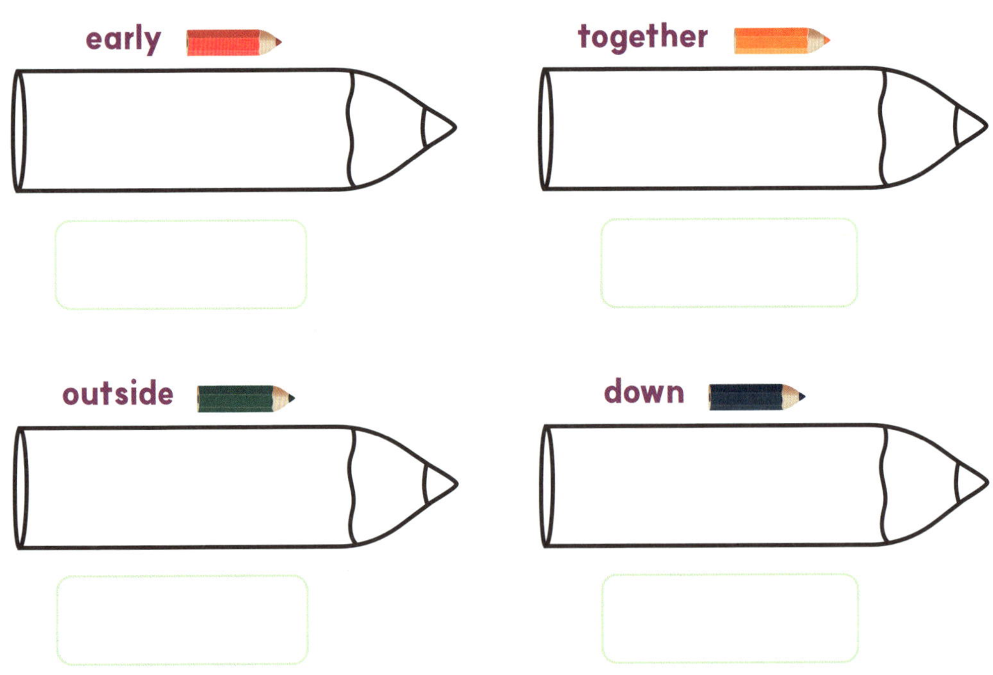

2 다음 그림을 보고 단어를 바르게 쓰세요.

(1) early

(2) outside

(3) late

(4) together

3 다음 보기에서 알맞은 단어를 골라 문장을 완성하세요.

---- 보기 ----

late　　together　　inside　　down　　last

alone　　first　　up　　early　　outside

---

(1) Elephants live ____________ but tigers live ____________ .
　　　　　　　　　　함께　　　　　　　　　　　　　혼자

(2) James came ____________ but Henry came ____________ .
　　　　　　　　일찍　　　　　　　　　　　　늦게

(3) Mia arrived ____________ but Emma arrived ____________ .
　　　　　　　먼저　　　　　　　　　　　마지막에

(4) Children study ____________ but parents wait ____________ .
　　　　　　　　안에　　　　　　　　　　　밖에

(5) The birds fly ____________ but the ducks dive ____________ .
　　　　　　　위로　　　　　　　　　　아래로

Chapter 6

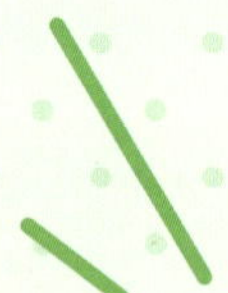# 1 | 1부터 10까지 세어요

WORD BANK

one	two	three	four	five

six	seven	eight	nine	ten

Activity 1 다음 그림을 보고 빈칸에 단어를 쓰세요.

(1)  □ □ e

(2) 

(3) 

(4)  □ h r e □

(5)  □ □ v □

(6)  □ e □ □

2 다음 그림을 보고 단어를 바르게 쓰세요.

(1) one

(2) two

(3) three

(4) four

(5) five

3 다음 보기에서 알맞은 단어를 골라 문장을 완성하세요.

─── 보기 ───

nine　　six　　eight　　seven　　ten

(1) I am _______________ years old.
육, 여섯

(2) I am _______________ years old.
칠, 일곱

(3) I am _______________ years old.
팔, 여덟

(4) I am _______________ years old.
구, 아홉

(5) I am _______________ years old.
십, 열

2 | 큰 수를 세어요

| 11 eleven | 12 twelve | 13 thirteen | 14 fourteen | 15 fifteen |
| 20 twenty | 30 thirty | 40 forty | 100 hundred | 1000 thousand |

Activity 1

가로줄과 세로줄, 같은 칸에 단어가 겹치지 않도록 아래 단어를 쓰세요.

eleven　twelve　twenty　thirty　forty　hundred

hundred	twelve	twenty	forty	thirty	
eleven	forty	thirty	twenty	hundred	
twenty	eleven		hundred		thirty
	hundred	forty		eleven	twenty
	twenty	eleven		twelve	hundred
twelve		hundred	eleven	twenty	forty

Read and Write

2 다음 그림을 보고 단어를 바르게 쓰세요.

(1) twenty

(2) thirty

(3) forty

(4)

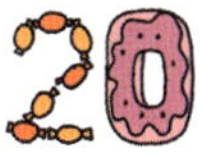

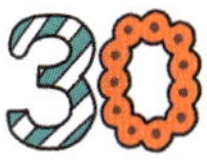

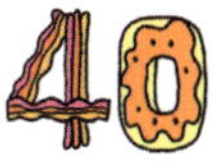

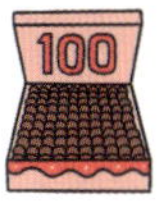

hundred

(5)

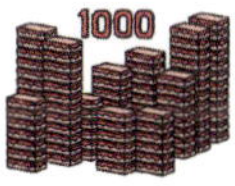

thousand

Make a Sentence

3 다음 보기에서 알맞은 단어를 골라 문장을 완성하세요.

보기

fifteen fourteen thirteen twelve eleven

(1) There are ________ cookies.
11, 열하나

(2) There are ________ cookies.
12, 열둘

(3) There are ________ cookies.
13, 열셋

(4) There are ________ cookies.
14, 열넷

(5) There are ________ cookies.
15, 열다섯

3 | 무슨 요일일까요?

Monday

Tuesday

Wednesday

Thursday

Friday

Saturday

Sunday

weekend

Activity 1

다음 암호에 해당하는 단어를 빈칸에 쓰세요.

2025　**1** January

Sunday	◆	◇	♥	☆	♠	Saturday
			1	2	3	4
5	6	7	8	9	10	11
12	13	14	15	16	17	18
19	20	21	22	23	24	25
26	27	28	29	30	31	

◆ **Monday**　　◇ 　　♥

☆ 　　♠

Read and Write

2 다음 그림을 보고 단어를 바르게 쓰세요.

(1)

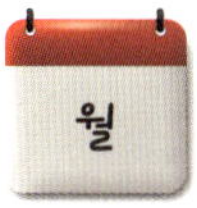

Monday

(2)

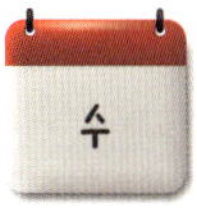

Wednesday

(3)

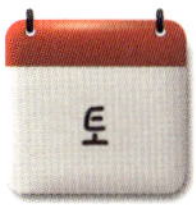

Saturday

(4)

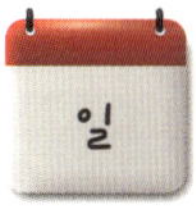

Sunday

(5)
weekend

Make a Sentence

3 다음 보기에서 알맞은 단어를 골라 문장을 완성하세요.

보기

Thursday Wednesday Sunday Tuesday Friday

(1) Today is ______________ .
화요일

(2) Today is ______________ .
수요일

(3) Today is ______________ .
목요일

(4) Today is ______________ .
금요일

(5) Today is ______________ .
일요일

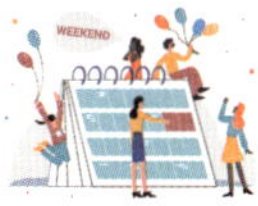

4 | 몇 월일까요?

WORD BANK

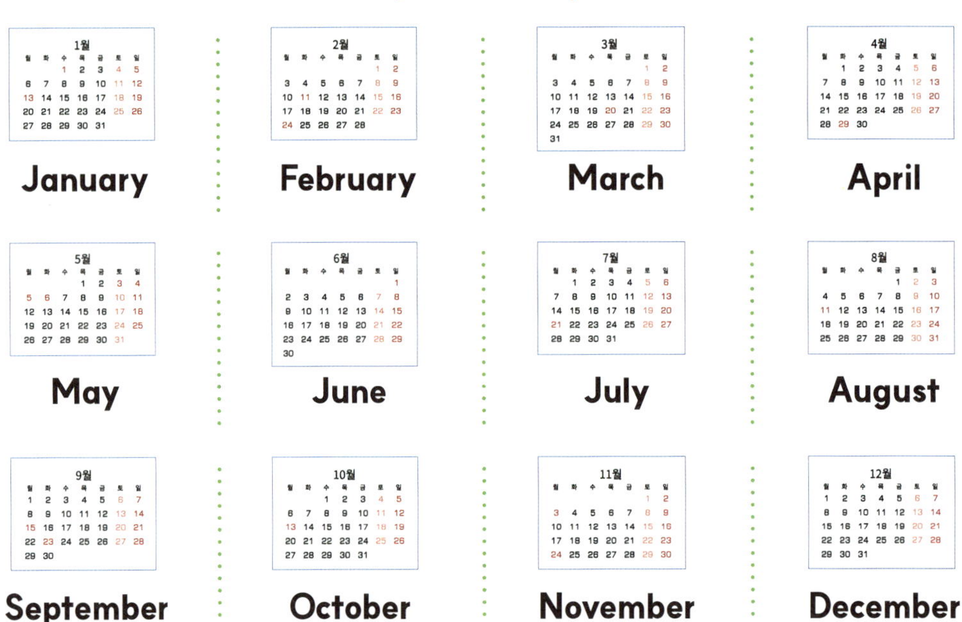

Activity 1 다음 뜻에 알맞은 단어를 빈칸에 바르게 쓰세요.

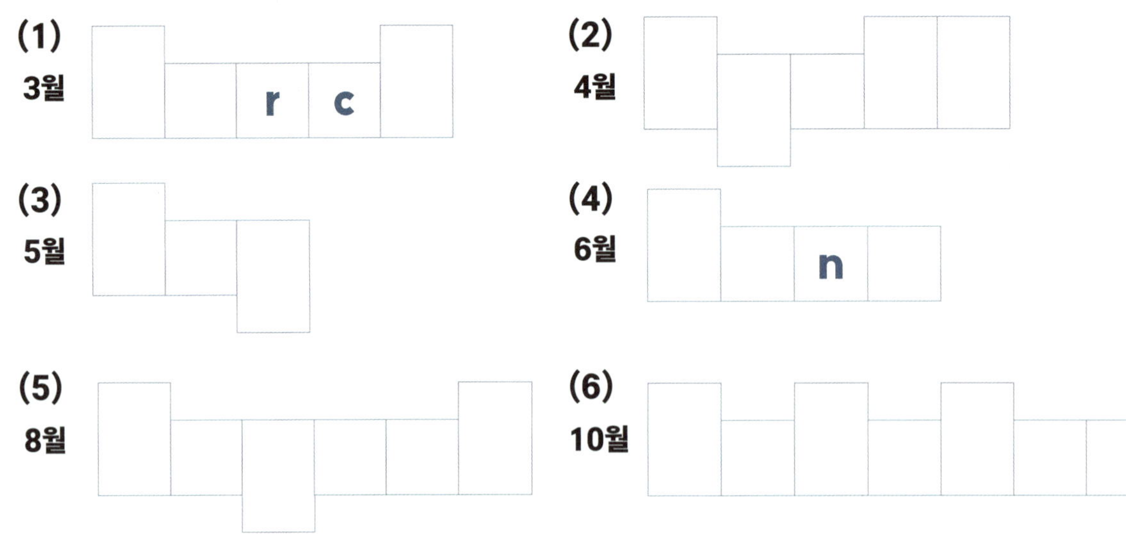

2 다음 그림을 보고 단어를 바르게 쓰세요.

(1) January

(2) February

(3) July

(4) September

(5) December

3 다음 보기에서 알맞은 단어를 골라 문장을 완성하세요.

─── 보기 ───

June   February   April   December   November

(1) **My birthday is in** ______________ .
2월

(2) **My birthday is in** ______________ .
4월

(3) **My birthday is in** ______________ .
6월

(4) **My birthday is in** ______________ .
11월

(5) **My birthday is in** ______________ .
12월

5 | 언제인지 알아요

morning

afternoon

evening

day

night

week

month

year

beginning

end

Activity 1

다음 그림을 보고 알맞은 색깔을 칠하세요.

morning

afternoon

evening

day

night

Read and Write

2 다음 그림을 보고 단어를 바르게 쓰세요.

(1) morning

(2) afternoon

(3) evening

(4) beginning

(5) end

Make a Sentence

3 다음 보기에서 알맞은 단어를 골라 문장을 완성하세요.

보기

afternoon night morning year day

(1) I'm thinking of you all ____________.
연, 해

(2) I'm thinking of you all ____________.
낮, 하루

(3) I'm thinking of you all ____________.
아침

(4) I'm thinking of you all ____________.
오후

(5) I'm thinking of you all ____________.
밤

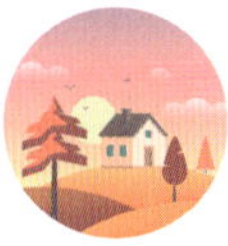

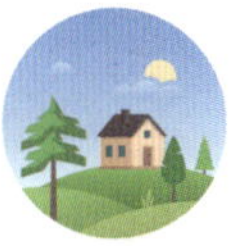

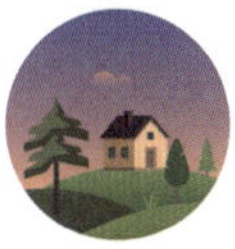

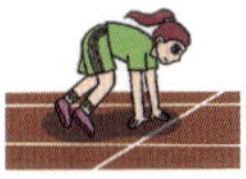

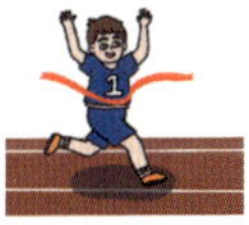

6 | 생각해서 질문해요

WORD BANK

 who

 when

 where

 what

 how

 why

 which

 whose

Activity 1 가로줄과 세로줄, 같은 칸에 단어가 겹치지 않도록 아래 단어를 쓰세요.

who　　when　　where　　what　　how　　why

who	when	where	what	how	why
who		where	how	why	what
what	how	why	where		
where	what		who		why
	who	how		what	where
how	where	what		when	who
when		who	what	where	how

2 다음 그림을 보고 단어를 바르게 쓰세요.

(1) who

(2) when

(3) where

(4) which

(5) whose

3 다음 보기에서 알맞은 단어를 골라 문장을 완성하세요.

─── 보기 ───

Where   When   How   Who   What

(1) ________________ **do you like to play?**
　　어디서

(2) ________________ **do you like to play?**
　　언제

(3) ________________ **do you like to play?**
　　어떻게

(4) ________________ **do you like to play with?**
　　무엇을

(5) ________________ **do you like to play with?**
　　누가

WORD BANK

 in

 behind

 on

 between

 at

 over

 by

 beside

 under

 beyond

Activity 1 다음 그림을 보고 각 단어의 개수를 써 보세요.

in ( )개 **on** ( )개 **over** ( )개 **under** ( )개 **at** ( )개

Read and Write

2 다음 그림을 보고 단어를 바르게 쓰세요.

(1) at

(2) by

(3) beside

(4) between

(5) over

Make a Sentence

3 다음 보기에서 알맞은 단어를 골라 문장을 완성하세요.

보기

by in on under behind

(1) The cat is ______________ the box.
~ 아래에

(2) The cat is ______________ the box.
~ 곁에

(3) The cat is ______________ the box.
~ 뒤에

(4) The cat is ______________ the box.
~ 안에

(5) The cat is ______________ the box.
~ 위에

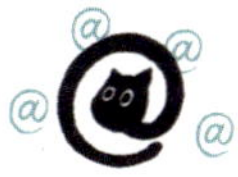

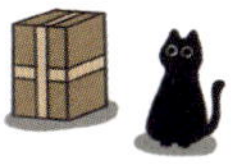

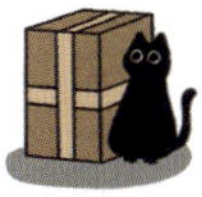

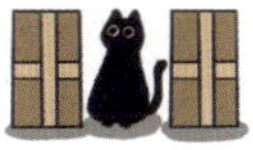

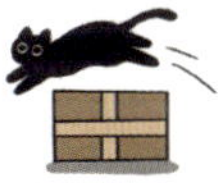

8 | 명사와 함께 써요 2

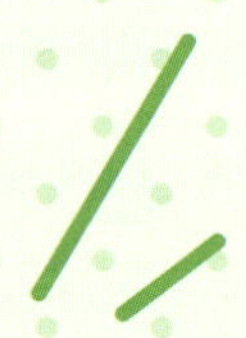

WORD BANK

to

from

for

with

without

against

of

among

during

around

until

through

1 다음 섞인 철자들을 바르게 배열하여 단어를 완성하세요.

(1) **u r d n i g** →

(2) **m a n o g** →

(3) **t u n i l** →

(4) **r d a n o u** →

2 다음 그림을 보고 단어를 바르게 쓰세요.

(1) to

(2) around

(3) among

(4) against

(5) through

3 다음 보기에서 알맞은 단어를 골라 문장을 완성하세요.

보기

from   with   until   without   for

(1) **Wait** ________ **the vacation.**
~까지

(2) **Wait for the news** ________ **the vacation.**
~로부터

(3) **Study** ________ **the computer.**
~와 함께

(4) **Study** ________ **the computer.**
~ 없이

(5) **Study** ________ **the test.**
~을 위한

WORD BANK

now	later	then	soon	just

hello	yes	no	alright	sure

Activity 1

가로줄과 세로줄, 같은 칸에 단어가 겹치지 않도록 아래 단어를 쓰세요.

now	later	soon	yes	no	sure
now		soon	no	sure	yes
yes	no	sure	soon		
soon	yes		now	no	sure
	now	no	later	yes	soon
	soon	yes		later	now
later	sure		yes	soon	no

Read and Write

2 다음 그림을 보고 단어를 바르게 쓰세요.

(1)

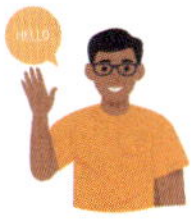

hello

(2)

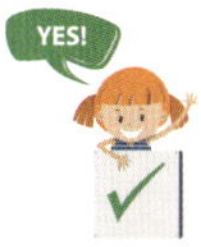

yes

(3)

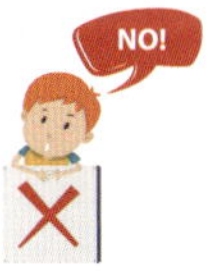

no

(4)
now

(5)

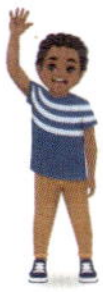

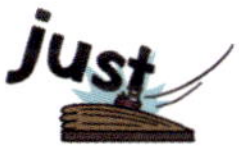

just

Make a Sentence

3 다음 보기에서 알맞은 단어를 골라 문장을 완성하세요.

보기

alright then later soon sure

(1) See you ______________ .
곧

(2) See you ______________ .
나중에

(3) See you ______________ .
그때

(4) Are you ______________ ?
확실한

(5) Are you ______________ ?
괜찮은

10 | 한눈에 읽어요 2

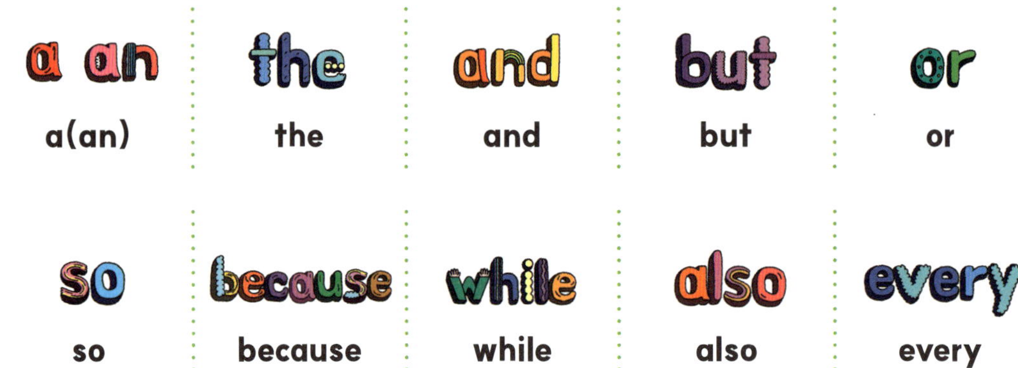

1 다음 그림을 보고 알맞은 색깔을 칠하세요.

Read and Write

2 다음 그림을 보고 단어를 바르게 쓰세요.

(1) the

the

(2) because

because

(3) also

also

(4) or

or

(5) every

every

Make a Sentence

3 다음 보기에서 알맞은 단어를 골라 문장을 완성하세요.

보기

and but so because while

(1) I have time ________ I have to work.
그리고

(2) I have time ________ I have to work.
그래서

(3) I have time ________ I have to work.
그러나

(4) I have no time ________ I have to work.
왜냐하면

(5) I have no time ________ I have to work.
~하는 동안

11 | 무언가를 가리켜요

Activity 1

다음 그림을 보고 빈칸에 단어를 쓰세요.

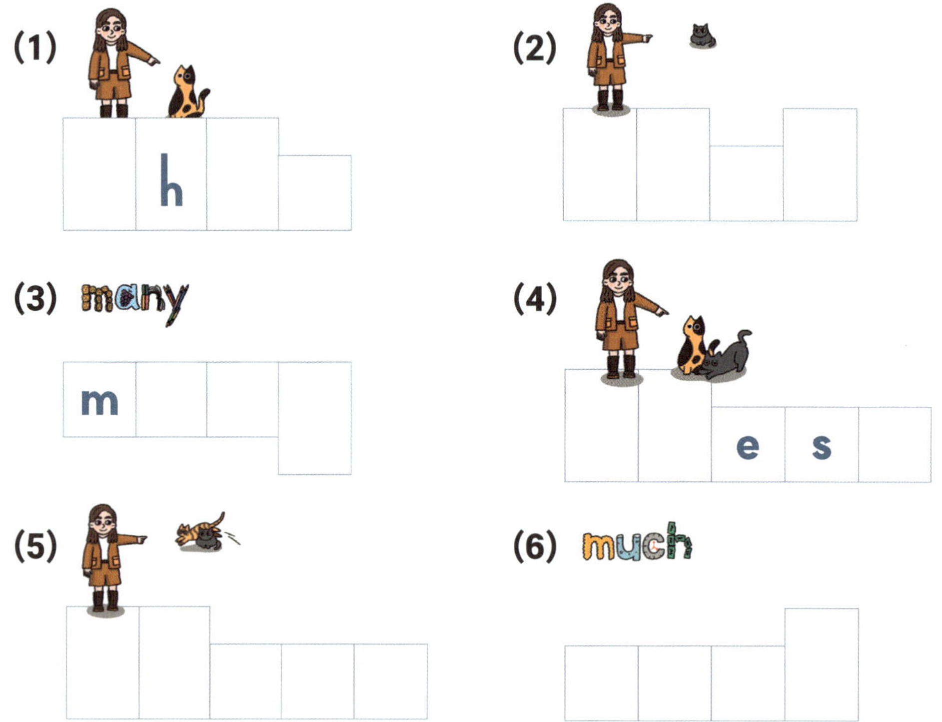

Read and Write

2 다음 그림을 보고 단어를 바르게 쓰세요.

(1) this

(2) that

(3) these

(4) those

(5) much much

Make a Sentence

3 다음 보기에서 알맞은 단어를 골라 문장을 완성하세요.

보기

any some all many both

(1) Do you want ______________ of them?
아무거나, 어떤 것이든

(2) Do you want ______________ of them?
둘 다

(3) Do you want ______________ of them?
전부 다

(4) I want ______________ books.
일부, 약간

(5) I want ______________ books.
많은

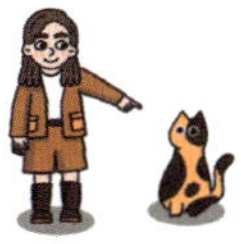

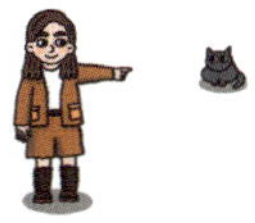

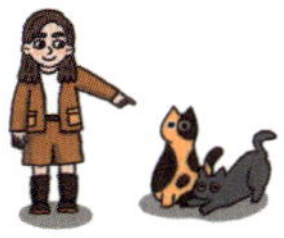

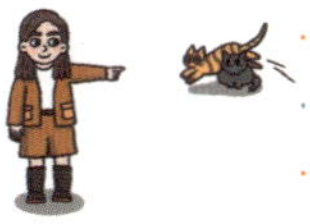

12 | 다른 단어를 대신해요 1

Activity 1

다음 그림을 보고 알맞은 색깔을 칠하세요.

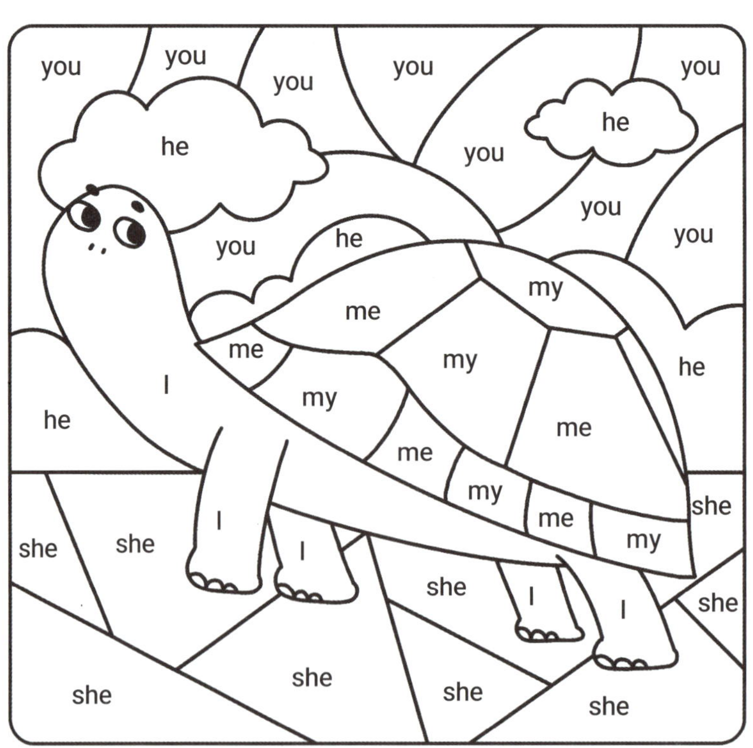

Read and Write

2 다음 그림을 보고 단어를 바르게 쓰세요.

(1) I

(2) my

(3) me

(4) you

(5) his

Make a Sentence

3 다음 보기에서 알맞은 단어를 골라 문장을 완성하세요.

보기

Your His Her He She

(1) .... looks nice.
그

(2) .... looks nice.
그녀

(3) .... hat looks nice.
그의

(4) .... hat looks nice.
그녀의

(5) .... hat looks nice.
당신의, 너의

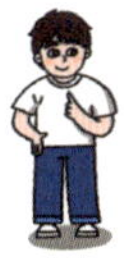

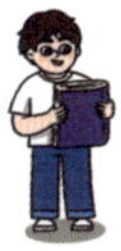

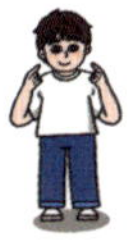

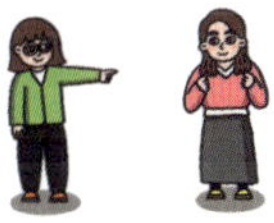

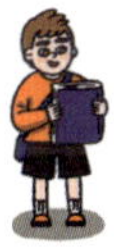

13 | 다른 단어를 대신해요 2

1 다음 그림을 보고 빈칸에 단어를 쓰세요.

Read and Write

2 다음 그림을 보고 단어를 바르게 쓰세요.

(1) am .... am

(2) is .... is

(3) them .... them

(4) us .... us

(5) they .... they

Make a Sentence

3 다음 보기에서 알맞은 단어를 골라 문장을 완성하세요.

보기

our their it us them

(1) I really like ______________ .
그것

(2) I really like ______________ bags.
그들의

(3) I really like ______________ bags.
우리의

(4) I really like ______________ .
그들을

(5) I really like ______________ .
우리를

14 | 많이 쓰는 동사예요

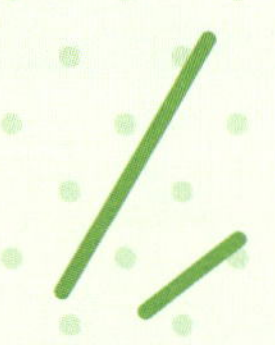

WORD BANK

 go

 come

 become

 have

give

 make

 get

 take

 put

 keep

Activity 1 가로줄과 세로줄, 같은 칸에 단어가 겹치지 않도록 아래 단어를 쓰세요.

go   come   have   give   make   put

put	come	have	make	give
		give	have	put	come
have	go	come	put	make	give
give	put				have
	have	go	give	come	put
come		put	go	have	make

Read and Write

2 다음 그림을 보고 단어를 바르게 쓰세요.

(1) **come** come

(2)

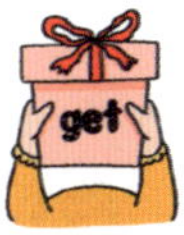

get

(3)

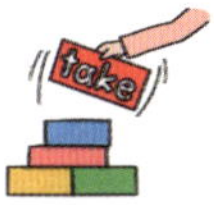

take

(4)

keep

(5) become become

Make a Sentence

3 다음 보기에서 알맞은 단어를 골라 문장을 완성하세요.

보기
take have keep put get

(1) You can ______________ it here.
~을 놓다

(2) You can ______________ it here.
~을 받다

(3) You can ______________ it here.
~을 가지다

(4) You can ______________ it here.
~을 지키다

(5) You can ______________ it here.
~을 가져가다

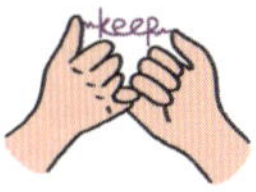

15 | 동사를 도와줘요

WORD BANK

			could	
will	would	can	could	may
	shall		must	do
might	shall	should	must	do

Activity 1 다음 그림을 보고 빈칸에 단어를 쓰세요.

(1) 

(2) 

(3) 

(4) 

(5) 

(6) 

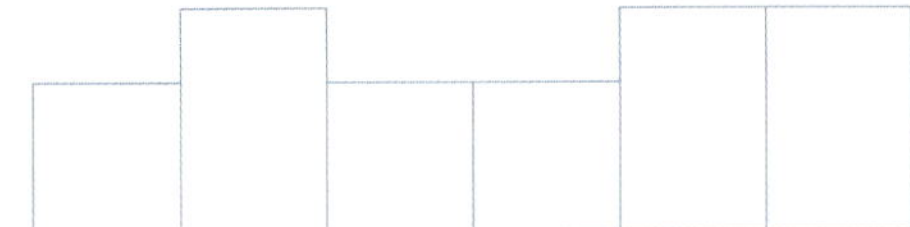

Read and Write

2 다음 그림을 보고 단어를 바르게 쓰세요.

(1) could could

(2) will will

(3) would would

(4) should should

(5) may may

Make a Sentence

3 다음 보기에서 알맞은 단어를 골라 문장을 완성하세요.

보기

Would Do Can Could Will

(1) ________ you leave now?
~하나요?

(2) ________ you leave now?
~해 주실래요?

(3) ________ you leave now?
~할 수 있나요?

(4) ________ you leave now?
~해 주시겠어요?

(5) ________ you leave now?
~할 건가요?

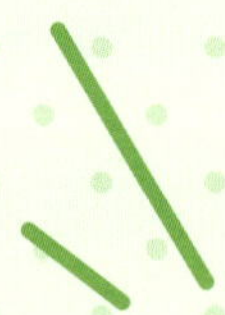 

16 | 순서대로 말해요

first

second

third

fourth

fifth

sixth

tenth

eleventh

twelfth

twentieth

thirtieth

hundredth

Activity 1 다음 순서에 맞게 단어를 쓰세요.

third　　second　　first　　fifth　　fourth　　sixth

2 다음 그림을 보고 단어를 바르게 쓰세요.

(1) **11**th   eleventh

(2) **12**th   twelfth

(3) **20**th   twentieth

(4) **30**th   thirtieth

(5) **100**th   hundredth

3 다음 보기에서 알맞은 단어를 골라 문장을 완성하세요.

— 보기 —

fifth   third   first   second   fourth

(1) **I'm in the** ____________________ **grade.**
다섯 번째

(2) **I'm in the** ____________________ **grade.**
첫 번째

(3) **I'm in the** ____________________ **grade.**
세 번째

(4) **I'm in the** ____________________ **grade.**
네 번째

(5) **I'm in the** ____________________ **grade.**
두 번째

left

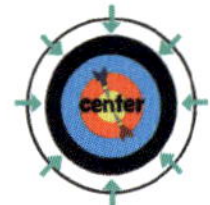
center

right

here

there

out

forward

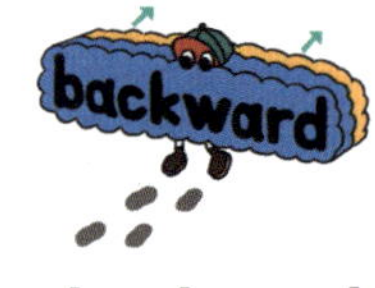
backward

Activity 1

다음 그림을 보고 알맞은 색깔을 칠하세요.

left

right

here

out

there

2 다음 그림을 보고 단어를 바르게 쓰세요.

(1) left _______

(2) right _______

(3) here _______

(4) there _______

(5) out _______

3 다음 보기에서 알맞은 단어를 골라 문장을 완성하세요.

─── 보기 ───

center   right   left   forward   there

(1) **Please go to the** _______________________ .
왼쪽

(2) **Please go to the** _______________________ .
가운데

(3) **Please go to the** _______________________ .
오른쪽

(4) **Please go** _______________________ .
앞으로

(5) **Please go** _______________________ .
거기에

활동책

Answer Key

Chapter 1

명사

1 | 가족이에요 pp. 6-7

1

j	b	r	o	t	h	e	r	h	f
a	c	o	u	s	i	n	i	a
d	i	w	e	m	s	v	n	t
l	x	w	c	o	l	q	e	h
k	y	w	e	t	s	b	d	e
n	w	n	w	h	p	r	i	r
f	o	v	v	e	w	p	i	u
o	c	p	p	r	s	c	i	d

3

(1) I love my <u>grandmother</u>.
나는 나의 할머니를 사랑해요.

(2) I love my <u>aunt</u>.
나는 나의 숙모(고모, 이모)를 사랑해요.

(3) I love my <u>uncle</u>.
나는 나의 삼촌을 사랑해요.

(4) I love my <u>baby</u>.
나는 나의 아기를 사랑해요.

(5) I love my <u>grandfather</u>.
나는 나의 할아버지를 사랑해요.

2 | 우리 집이에요 pp. 8-9

1

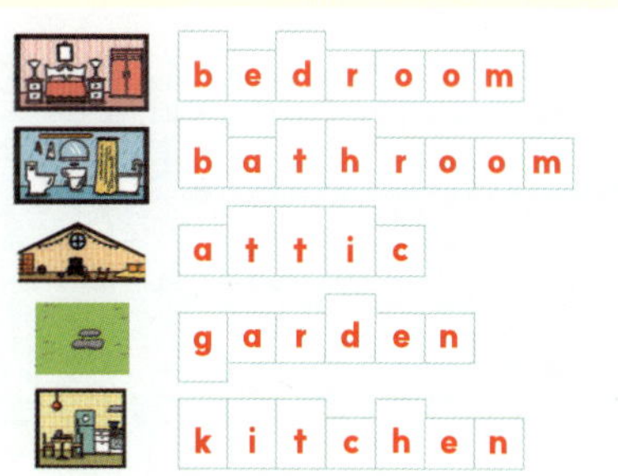

3

(1) This is my <u>garden</u>.
여기가 내 정원이에요.

(2) This is my <u>house</u>.
여기가 내 집이에요.

(3) This is my <u>kitchen</u>.
여기가 내 부엌이에요.

(4) This is my <u>apartment</u>.
여기가 내 아파트예요.

(5) This is my <u>bedroom</u>.
여기가 내 침실이에요.

3 | 집 안을 살펴봐요 pp. 10-11

1

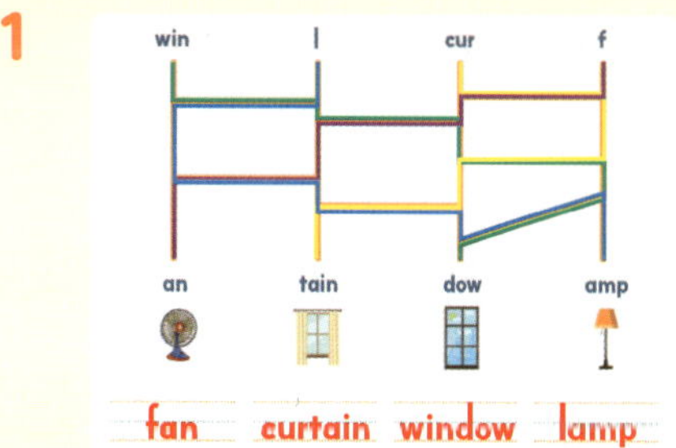

3

(1) There is a <u>lamp</u> in the living room.
거실에는 램프가 있어요.

(2) There is a <u>window</u> in the living room.
거실에는 창문이 있어요.

(3) There is a <u>sofa</u> in the living room.
거실에는 소파가 있어요.

(4) There is a <u>fan</u> in the living room.
거실에는 선풍기가 있어요.

(5) There is a <u>door</u> in the living room.
거실에는 문이 있어요.

1

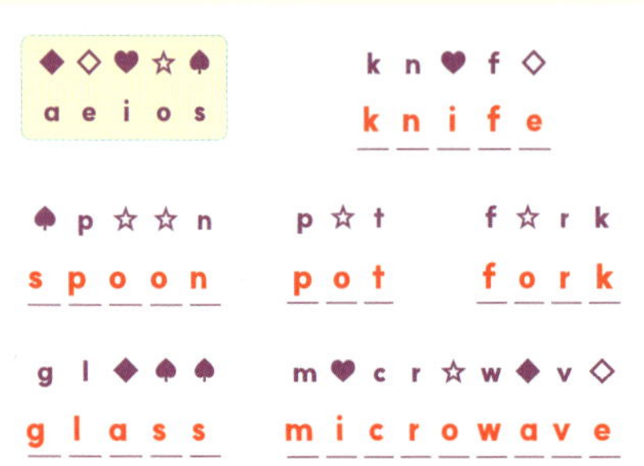

3

(1) In the kitchen, we use a knife.
부엌에서 우리는 칼을 사용해요.

(2) In the kitchen, we use a pot.
부엌에서 우리는 냄비를 사용해요.

(3) In the kitchen, we use a cup.
부엌에서 우리는 컵을 사용해요.

(4) In the kitchen, we use a fork.
부엌에서 우리는 포크를 사용해요.

(5) In the kitchen, we use a plate.
부엌에서 우리는 접시를 사용해요.

1

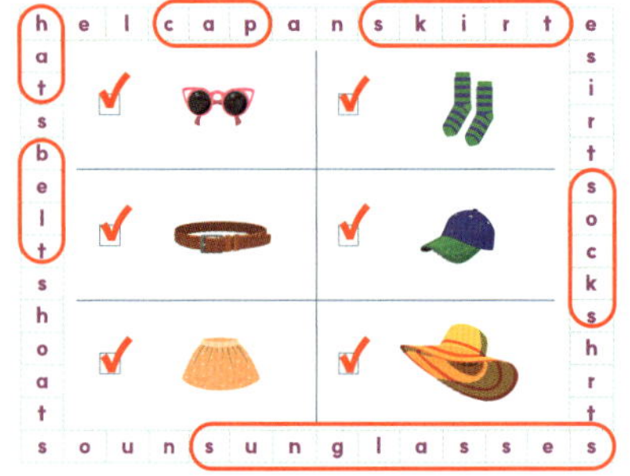

3

(1) She is wearing a hat.
그녀는 챙 모자를 쓰고 있어요.

(2) She is wearing a skirt.
그녀는 치마를 입고 있어요.

(3) She is wearing a dress.
그녀는 원피스를 입고 있어요.

(4) He is wearing socks.
그는 양말을 신고 있어요.

(5) He is wearing shoes.
그는 신발을 신고 있어요.

1

3

(1) He is wearing a tie.
그는 넥타이를 매고 있어요.

(2) She is wearing a jacket.
그녀는 재킷을 입고 있어요.

(3) He is wearing a shirt.
그는 셔츠를 입고 있어요.

(4) She is wearing boots.
그녀는 장화(부츠)를 신고 있어요.

(5) He is wearing pants.
그는 바지를 입고 있어요.

1

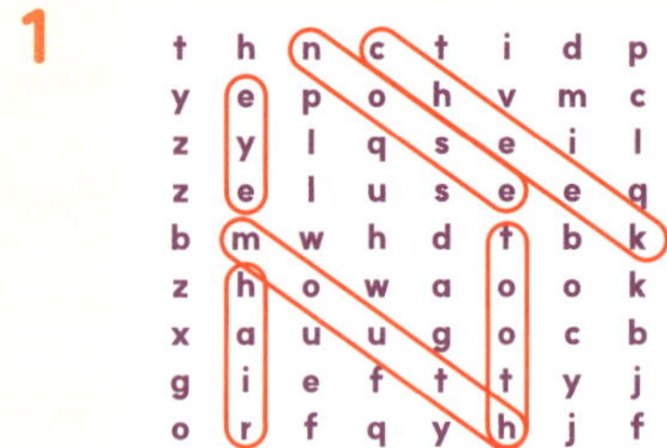

3

(1) Point to your ear. 너의 귀를 가리켜 봐.

(2) Point to your eye. 너의 눈을 가리켜 봐.

(3) Point to your nose. 너의 코를 가리켜 봐.

(4) Point to your mouth. 너의 입을 가리켜 봐.

(5) Point to your chin. 너의 턱을 가리켜 봐.

1

neck　arm　face　leg

3
(1) Move your **shoulders**.
너의 어깨를 움직여 봐.

(2) Move your **fingers**.
너의 손가락을 움직여 봐.

(3) Move your **legs**.
너의 다리를 움직여 봐.

(4) Move your **hands**.
너의 손을 움직여 봐.

(5) Move your **arms**.
너의 팔을 움직여 봐.

1

c o l d　　r a s h
c o u g h　　c h i l l s
h e a d a c h e　　f e v e r

3
(1) I have a **cold**. 나는 감기에 걸렸어요.
(2) I have a **headache**. 나는 두통이 있어요.
(3) I have a **fever**. 나는 열이 있어요.
(4) I have a **cough**. 나는 기침을 해요.
(5) I have a **stomachache**.
나는 복통이 있어요.

1

3
(1) I see a **tiger** in the zoo.
나는 동물원에서 호랑이를 봐요.

(2) I see a **giraffe** in the zoo.
나는 동물원에서 기린을 봐요.

(3) I see a **monkey** in the zoo.
나는 동물원에서 원숭이를 봐요.

(4) I see a **deer** in the zoo.
나는 동물원에서 사슴을 봐요.

(5) I see a **bear** in the zoo.
나는 동물원에서 곰을 봐요.

1

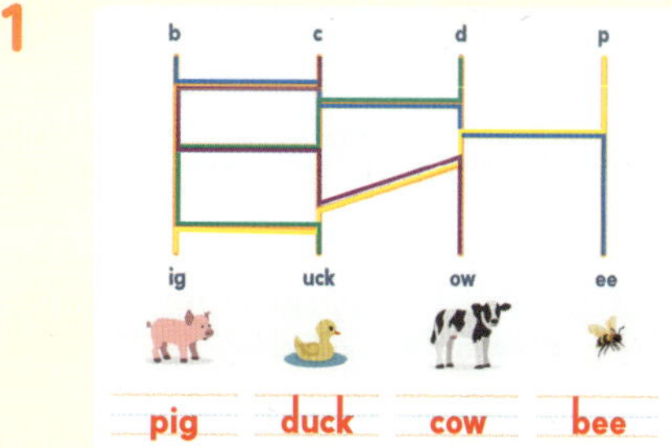

pig　duck　cow　bee

3
(1) A **horse** lives in the farm.
말이 농장에 살아요.

(2) A **goat** lives in the farm.
염소가 농장에 살아요.

(3) A **duck** lives in the farm.
오리가 농장에 살아요.

(4) A **chicken** lives in the farm.
닭이 농장에 살아요.

(5) A pig lives in the farm.
돼지가 농장에 살아요.

12 | 반려동물이에요   pp. 28-29

1

3 **(1) I feed my spider every day.**
나는 매일 내 거미에게 먹이를 줘요.

(2) I feed my turtle every day.
나는 매일 내 거북에게 먹이를 줘요.

(3) I feed my hamster every day.
나는 매일 내 햄스터에게 먹이를 줘요.

(4) I feed my fish every day.
나는 매일 내 물고기에게 먹이를 줘요.

(5) I feed my iguana every day.
나는 매일 내 이구아나에게 먹이를 줘요.

13 | 교실을 살펴봐요   pp. 30-31

1

♥ ♦ ◇ ♠ ☆   ♦ ♠ ♥ s s r ☆ ☆ m
a c e l o   c l a s s r o o m

♦ h ♥ i r   b ☆ ☆ k   f ♠ ♥ g
c h a i r   b o o k   f l a g

t ◇ ♠ ◇ p h ☆ n ◇
t e l e p h o n e

3 **(1) There are maps in the classroom.**
교실에는 지도들이 있어요.

(2) There are books in the classroom.
교실에는 책들이 있어요.

(3) There are flags in the classroom.
교실에는 깃발들이 있어요.

(4) There are desks in the classroom.
교실에는 책상들이 있어요.

(5) There are chairs in the classroom.
교실에는 의자들이 있어요.

14 | 공부할 때 필요해요   pp. 32-33

1

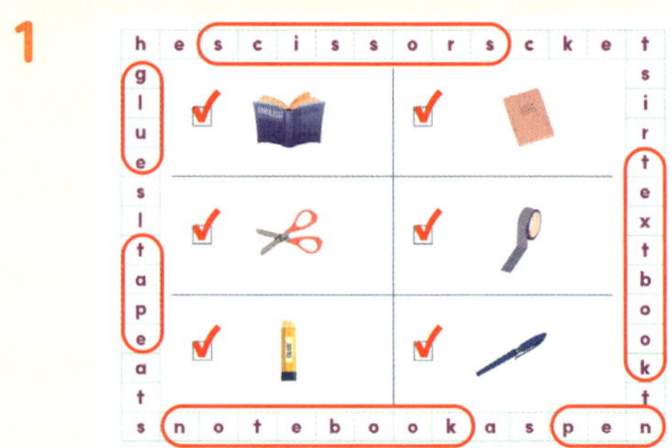

3 **(1) I have pencils in my bag.**
내 가방에는 연필들이 있어요.

(2) I have scissors in my bag.
내 가방에는 가위가 있어요.

(3) I have textbooks in my bag.
내 가방에는 교과서들이 있어요.

(4) I have notebooks in my bag.
내 가방에는 공책들이 있어요.

(5) I have tapes in my bag.
내 가방에는 테이프들이 있어요.

15 | 다양한 과목을 배워요   pp. 34-35

1

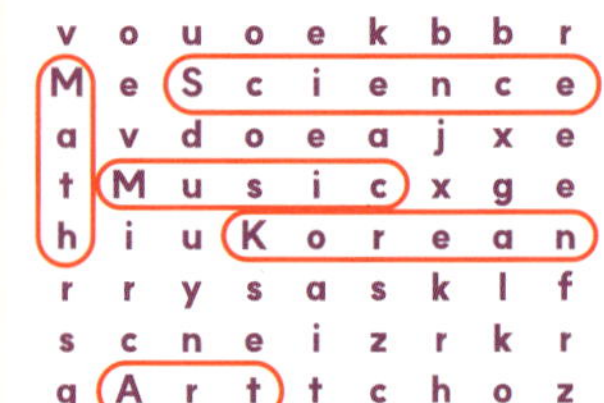

3

(1) I like **English** the most in school.
나는 학교에서 영어 과목이 제일 좋아요.

(2) I like **Korean** the most in school.
나는 학교에서 국어 과목이 제일 좋아요.

(3) I like **Math** the most in school.
나는 학교에서 수학 과목이 제일 좋아요.

(4) I like **P.E.** the most in school.
나는 학교에서 체육 과목이 제일 좋아요.

(5) I like **Music** the most in school.
나는 학교에서 음악 과목이 제일 좋아요.

16 | 노력하면 할 수 있어요 pp. 36-37

1

3

(1) The **problem** is difficult.
그 문제는 어려워요.

(2) The **quiz** is difficult.
그 퀴즈는 어려워요.

(3) The **homework** is difficult.
그 숙제는 어려워요.

(4) The **race** is difficult. 그 경주는 어려워요.

(5) The **test** is difficult. 그 시험은 어려워요.

17 | 나의 취미예요 pp. 38-39

1

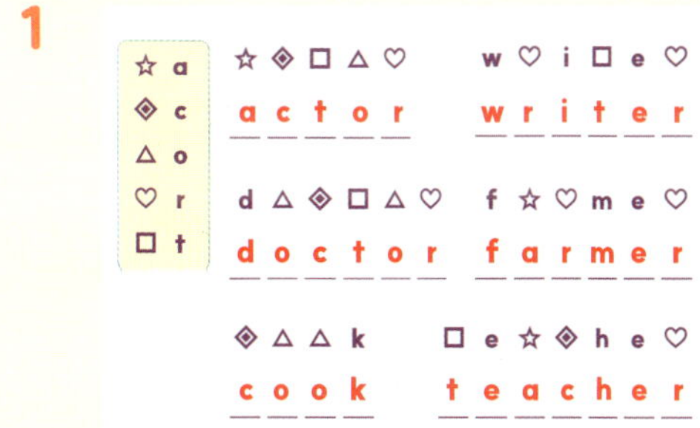

3

(1) I can play **soccer** on Saturday.
나는 토요일에 축구를 할 수 있어요.

(2) I can play **baseball** on Saturday.
나는 토요일에 야구를 할 수 있어요.

(3) I can play **tennis** on Saturday.
나는 토요일에 테니스를 할 수 있어요.

(4) I can play the **drum** on Saturday.
나는 토요일에 드럼을 칠 수 있어요.

(5) I can play the **guitar** on Saturday.
나는 토요일에 기타를 칠 수 있어요.

18 | 이런 사람이 되고 싶어요 pp. 40-41

1

| ☆ a |
| ◇ c |
| △ o |
| ♡ r |
| □ t |

☆ ◇ □ △ ♡ → a c t o r
w ♡ i □ e ♡ → w r i t e r
d △ ◇ □ △ ♡ → d o c t o r
f ☆ ♡ m e ♡ → f a r m e r
◇ △ △ k → c o o k
□ e ☆ ♡ h e ♡ → t e a c h e r

3

(1) I will be a **doctor**. 나는 의사가 될 거예요.

(2) I will be a **teacher**. 나는 선생님이 될 거예요.

(3) I will be a **cook**. 나는 요리사가 될 거예요.

(4) I will be an **actor**. 나는 배우가 될 거예요.

(5) I will be an **athlete**.
나는 운동선수가 될 거예요.

19 | 여러 가지 직업이 있어요 pp. 42-43

1

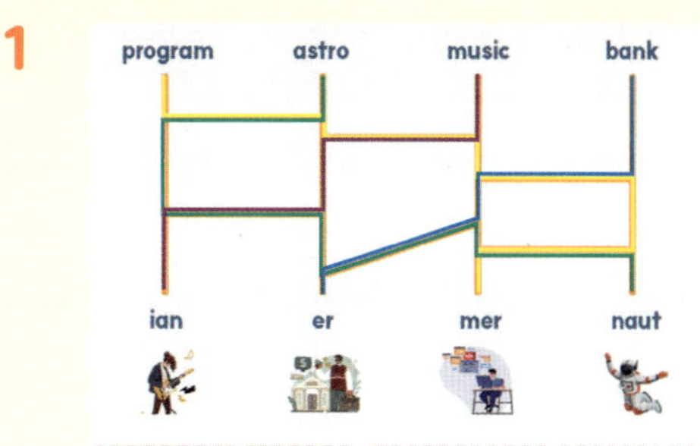

3 **(1)** My grandpa was a <u>firefighter</u>.
　나의 할아버지는 소방관이셨어요.

(2) My grandpa was a <u>scientist</u>.
나의 할아버지는 과학자셨어요.

(3) My grandpa was a <u>programmer</u>.
나의 할아버지는 프로그래머(개발자)셨어요.

(4) My grandpa was a <u>banker</u>.
나의 할아버지는 은행원이셨어요.

(5) My grandpa was a <u>musician</u>.
나의 할아버지는 음악가셨어요.

20 | 교통수단이 다양해요　pp. 44-45

1

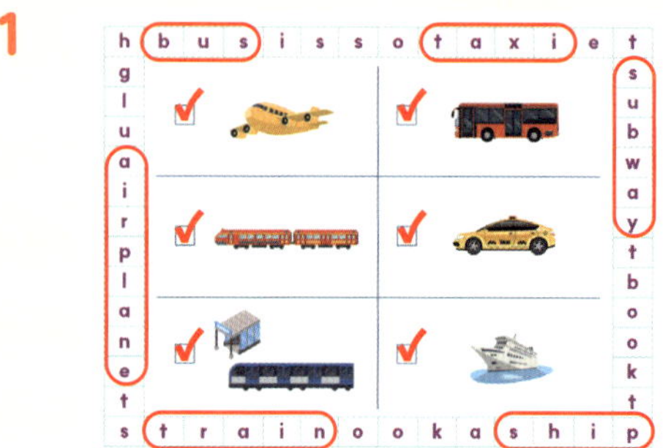

3 **(1)** Let's ride a <u>car</u>. 자동차를 탑시다.
(2) Let's ride a <u>bus</u>. 버스를 탑시다.
(3) Let's ride a <u>train</u>. 기차를 탑시다.
(4) Let's ride a <u>taxi</u>. 택시를 탑시다.
(5) Let's ride a <u>truck</u>. 트럭을 탑시다.

21 | 우리 동네를 소개해요　pp. 46-47

1

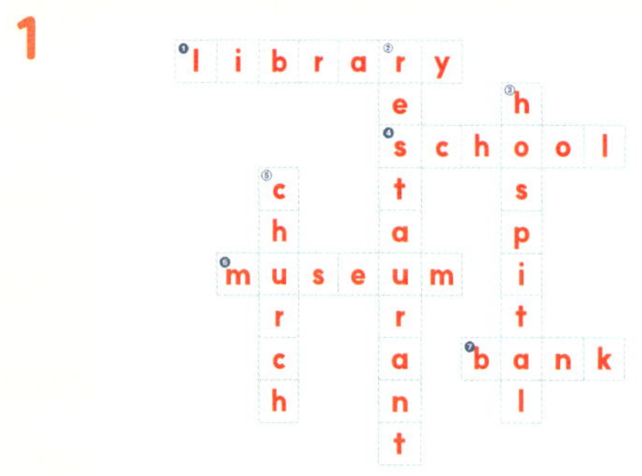

3 **(1)** This is the <u>library</u> in our town.
여기가 우리 동네 도서관이에요.

(2) This is the <u>school</u> in our town.
여기가 우리 동네 학교예요.

(3) This is the <u>restaurant</u> in our town.
여기가 우리 동네 식당이에요.

(4) This is the <u>post office</u> in our town.
여기가 우리 동네 우체국이에요.

(5) This is the <u>police station</u> in our town.　여기가 우리 동네 경찰서예요.

22 | 아름다운 자연을 보아요　pp. 48-49

1

sea	sun	cloud	river	moon	star
river	moon	star	sun	sea	cloud
moon	star	sea	cloud	river	sun
sun	cloud	river	moon	star	sea
star	river	sun	sea	cloud	moon
cloud	sea	moon	star	sun	river

3 **(1)** Look at the <u>snow</u> in the sky.
하늘에 눈을 보세요.

(2) Look at the <u>star</u> in the sky.
하늘에 별을 보세요.

(3) Look at the <u>sun</u> in the sky.
하늘에 해를 보세요.

(4) Look at the <u>cloud</u> in the sky.
하늘에 구름을 보세요.

(5) Look at the <u>moon</u> in the sky.
하늘에 달을 보세요.

1

3

(1) It's **spring** in my town.
이제 봄이에요.

(2) It's **summer** in my town.
이제 여름이에요.

(3) It's **fall** in my town.
이제 가을이에요.

(4) It's **winter** in my town.
이제 겨울이에요.

(5) There are four **seasons**.
사계절이 있어요.

1

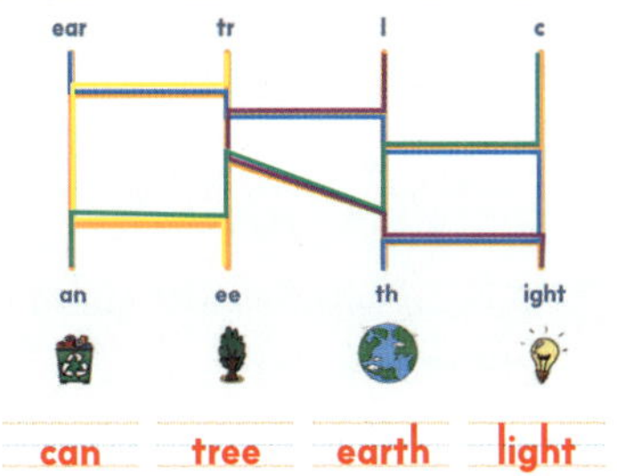

3

(1) Saving **gas** is important.
가스(연료)를 아끼는 것은 중요해요.

(2) Saving **paper** is important.
종이를 아끼는 것은 중요해요.

(3) Saving **energy** is important.
에너지를 아끼는 것은 중요해요.

(4) Saving **tree** is important.
나무를 아끼는 것은 중요해요.

(5) Saving the **earth** is important.
지구를 보호하는 것은 중요해요.

1

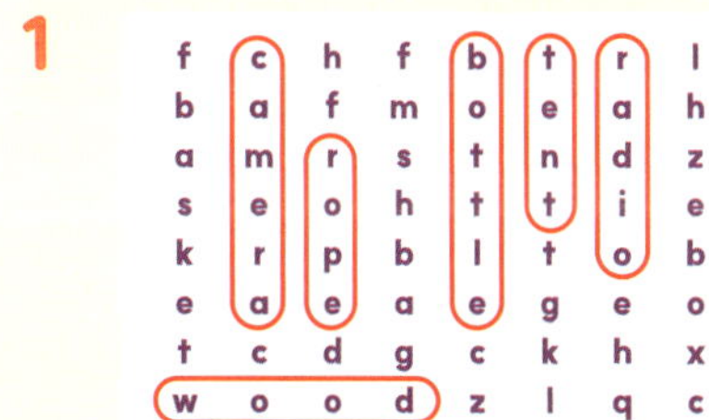

3

(1) We need a **radio** to go camping.
우리가 캠핑을 가려면 라디오가 필요해요.

(2) We need a **camera** to go camping.
우리가 캠핑을 가려면 카메라가 필요해요.

(3) We need a **basket** to go camping.
우리가 캠핑을 가려면 바구니가 필요해요.

(4) We need a **tent** to go camping.
우리가 캠핑을 가려면 텐트가 필요해요.

(5) We need a **box** to go camping.
우리가 캠핑을 가려면 상자가 필요해요.

1

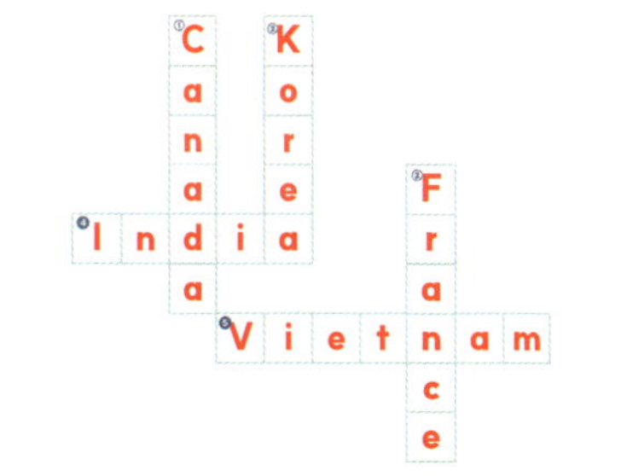

3

(1) I'm planning to travel to **Mexico**.
나는 멕시코로 여행 갈 계획이에요.

(2) I'm planning to travel to **Canada**.
나는 캐나다로 여행 갈 계획이에요.

(3) I'm planning to travel to **Vietnam**.
나는 베트남으로 여행 갈 계획이에요.

(4) I'm planning to travel to **Korea.**
나는 한국으로 여행 갈 계획이에요.

(5) I'm planning to travel to **Egypt.**
나는 이집트로 여행 갈 계획이에요.

27 | 세계 친구를 사귀어요   pp. 58-59

1

```
g  p  u  v  c  m  i  c  E
I  b  i  v  l  c  s  b  g
n (M  e  x  i  c  a  n) y
d (F  a  i  e  h  l  f  p
i  r  r  u  t  t  r  t  t
a  e  a  x  g  e  r  m  i
n  n  b  r  n  c  x  q  a
m  c  s  a  t  f  o  b  n
b  h (C  h  i  n  e  s  e)
```

3

(1) I play with my **French** friend.
나는 프랑스인 친구와 놀아요.

(2) I play with my **Mexican** friend.
나는 멕시코인 친구와 놀아요.

(3) I play with my **American** friend.
나는 미국인 친구와 놀아요.

(4) I play with my **Canadian** friend.
나는 캐나다인 친구와 놀아요.

(5) I play with my **Vietnamese** friend.   나는 베트남인 친구와 놀아요.

28 | 여러 가지 음료예요   pp. 60-61

1

wa   lemon   milk   t

ea   shake   ter   ade

tea   milkshake   water   lemonade

3

(1) Would you like to drink **soda?**
탄산음료를 드시겠어요?

(2) Would you like to drink **lemonade?**
레모네이드를 드시겠어요?

(3) Would you like to drink **tea?**
차를 드시겠어요?

(4) Would you like to drink **milk?**
우유를 드시겠어요?

(5) Would you like to drink **juice?**
주스를 드시겠어요?

29 | 과일이 좋아요   pp. 62-63

1

3

(1) Do you want to eat some **apples?**
당신은 사과를 먹고 싶나요?

(2) Do you want to eat some **oranges?**
당신은 오렌지를 먹고 싶나요?

(3) Do you want to eat some **bananas?**
당신은 바나나를 먹고 싶나요?

(4) Do you want to eat some **grapes?**
당신은 포도를 먹고 싶나요?

(5) Do you want to eat some **pears?**
당신은 배를 먹고 싶나요?

30 | 채소가 좋아요   pp. 64-65

1

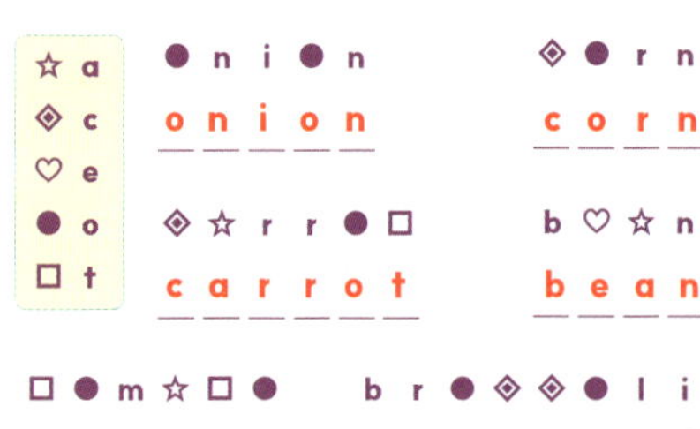

☆ a	● n i ● n	◇ ● r n
◇ c	o n i o n	c o r n
♡ e		
● o	◇ ☆ r r ● □	b ♡ ☆ n
□ t	c a r r o t	b e a n

□ ● m ☆ □ ●   b r ● ◇ ● l i
t o m a t o   b r o c c o l i

3 (1) Eat some <u>beans</u> for you.
당신을 위해 콩을 먹어요.

(2) Eat some <u>carrots</u> for you.
당신을 위해 당근을 먹어요.

(3) Eat some <u>pumpkins</u> for you.
당신을 위해 호박을 먹어요.

(4) Eat some <u>onions</u> for you.
당신을 위해 양파를 먹어요.

(5) Eat some <u>tomatoes</u> for you.
당신을 위해 토마토를 먹어요.

31 | 음식을 주문해요　pp. 66-67

1

3 (1) I'd like to order some <u>pizza</u>.
피자를 주문하고 싶어요.

(2) I'd like to order some <u>fried rice</u>.
볶음밥을 주문하고 싶어요.

(3) I'd like to order some <u>beef steak</u>.
소고기 스테이크를 주문하고 싶어요.

(4) I'd like to order some <u>spaghetti</u>.
스파게티를 주문하고 싶어요.

(5) I'd like to order some <u>rice noodles</u>.
쌀국수를 주문하고 싶어요.

32 | 디저트가 좋아요　pp. 68-69

1

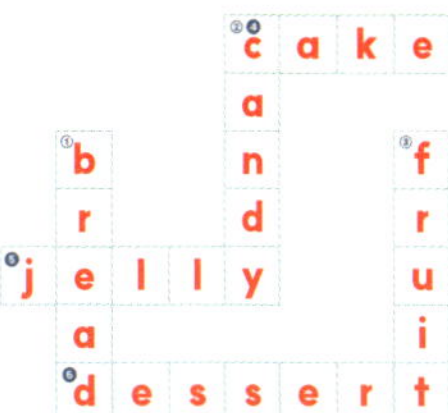

3 (1) I love <u>candy</u> for dessert.
나는 디저트로 사탕을 좋아해요.

(2) I love <u>fruit</u> for dessert.
나는 디저트로 과일을 좋아해요.

(3) I love <u>cake</u> for dessert.
나는 디저트로 케이크를 좋아해요.

(4) I love <u>yogurt</u> for dessert.
나는 디저트로 요거트를 좋아해요.

(5) I love <u>ice cream</u> for dessert.
나는 디저트로 아이스크림을 좋아해요.

33 | 음식 재료로 써요　pp. 70-71

1

3 (1) I need <u>flour</u> to cook for dinner.
저녁 요리를 하려면 밀가루가 필요해요.

(2) I need <u>butter</u> to cook for dinner.
저녁 요리를 하려면 버터가 필요해요.

(3) I need <u>sugar</u> to cook for dinner.
저녁 요리를 하려면 설탕이 필요해요.

(4) I need <u>cheese</u> to cook for dinner.
저녁 요리를 하려면 치즈가 필요해요.

(5) I need <u>salt</u> to cook for dinner.
저녁 요리를 하려면 소금이 필요해요.

1

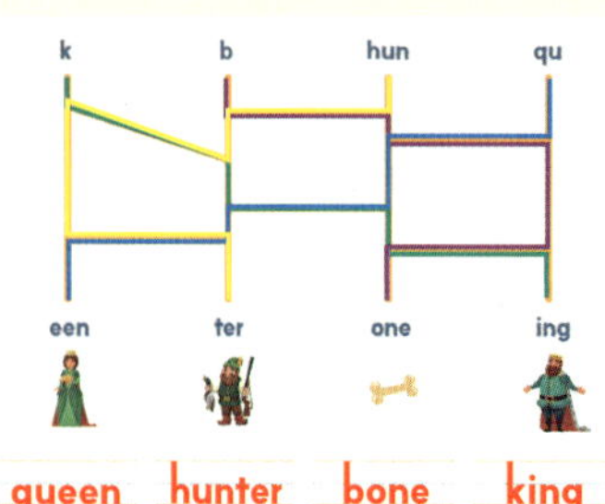

3

(1) I read a story about a king.
나는 왕에 관한 이야기를 읽어요.

(2) I read a story about a hunter.
나는 사냥꾼에 관한 이야기를 읽어요.

(3) I read a story about a hero.
나는 영웅에 관한 이야기를 읽어요.

(4) I read a story about a queen.
나는 여왕에 관한 이야기를 읽어요.

(5) I read a story about a princess.
나는 공주에 관한 이야기를 읽어요.

1

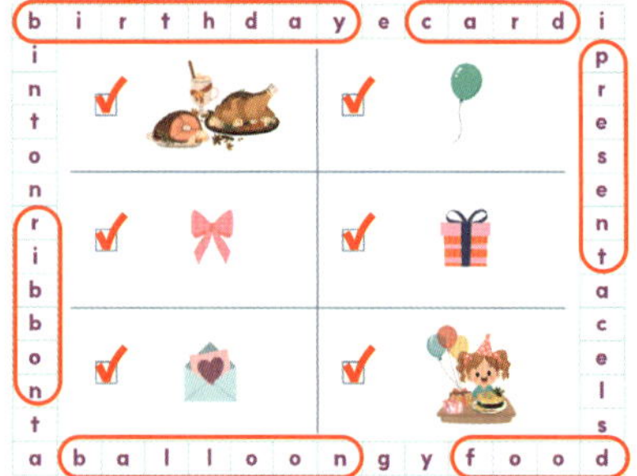

3

(1) Come to our party for New Year's Day. 새해 첫날 파티에 오세요.

(2) Come to our party for Christmas.
크리스마스 파티에 오세요.

(3) Come to our balloon party.
풍선 파티에 오세요.

(4) Come to our birthday party.
생일 파티에 오세요.

(5) Come to our holiday party.
휴일(명절) 파티에 오세요.

Chapter 2

동사

1

3

(1) I see with my eyes. 나는 내 눈으로 봐요.

(2) I smell with my nose.
나는 내 코로 냄새를 맡아요.

(3) I hear with my ears. 나는 내 귀로 들어요.

(4) I taste with my mouth.
나는 내 입으로 맛을 봐요.

(5) I touch it with my hands.
나는 그것을 내 손으로 만져요.

1

l	h	c	v	w	v	k	w	v
o	t	a	x	y	o	k	a	o
v	c	h	t	d	x	g	n	h
e	r	a	v	e	a	z	t	d
b	y	u	r	z	u	h	d	r
k	x	c	x	i	w	o	l	y
b	h	o	p	e	n	b	r	i
n	d	a	n	w	o	r	r	y

3

(1) Oh, how I like this!
오, 나는 이것을 정말 좋아해!

(2) Oh, how I want this!
오, 나는 이것을 정말 원해!

(3) Oh, how I hate this!

오, 나는 이것을 정말 싫어해!

(4) Oh, how I love this!

오, 나는 이것을 정말 사랑해!

(5) Oh, how I need this!

오, 나는 이것이 정말 필요해!

3 | 머릿속 활동이에요　　pp. 82-83

1

3　(1) I think this is important.

나는 이것이 중요하다고 생각해요.

(2) I guess this is important.

나는 이것이 중요하다고 추측해요.

(3) I know this is important.

나는 이것이 중요하다는 것을 알아요.

(4) I understand this is important.

나는 이것이 중요하다는 것을 이해해요.

(5) I remember this is important.

나는 이것이 중요하다는 것을 기억해요.

4 | 생각을 말로 표현해요　　pp. 84-85

1

3　(1) They wanted to talk to me.

그들은 나에게 말하기를 원했어요.

(2) They wanted to say to me.

그들은 나에게 말하기를 원했어요.

(3) They wanted to call me.

그들은 나에게 전화하기를 원했어요.

(4) They wanted to ask that.

그들은 그것을 묻기를 원했어요.

(5) They wanted to answer that.

그들은 그것을 대답하기를 원했어요.

5 | 몸을 움직여요　　pp. 86-87

1

3　(1) Please pull it for me.

저를 위해 그것을 당겨 주세요.

(2) Please push it for me.

저를 위해 그것을 밀어 주세요.

(3) Please hold it for me.

저를 위해 그것을 잡고 있어 주세요.

(4) Please close it for me.

저를 위해 그것을 닫아 주세요.

(5) Please open it for me.

저를 위해 그것을 열어 주세요.

6 | 하루를 보내요   pp. 88-89

1

3

(1) **You should <u>sleep</u>.**
당신은 자야 해요.

(2) **You should <u>wake up</u>.**
당신은 일어나야 해요.

(3) **You should <u>exercise</u>.**
당신은 운동해야 해요.

(4) **You should <u>clean up</u>.**
당신은 청소해야 해요.

(5) **You should <u>rest</u>.**
당신은 쉬어야 해요.

7 | 요리를 해요   pp. 90-91

1

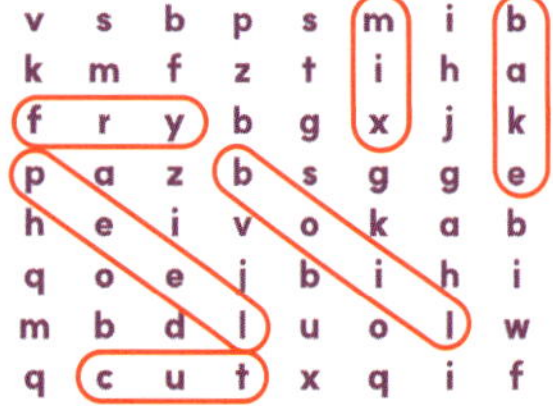

3

(1) **The cooks <u>bake</u> some bread.**
요리사들이 빵을 구워요.

(2) **The cooks <u>boil</u> some water.**
요리사들이 물을 끓여요.

(3) **The cooks <u>cut</u> some meat.**
요리사들이 고기를 잘라요.

(4) **The cooks <u>chop</u> some carrot.**
요리사들이 당근을 잘게 썰어요.

(5) **The cooks <u>peel</u> some potatoes.**
요리사들이 감자 껍질을 벗겨요.

8 | 청소를 해요   pp. 92-93

1

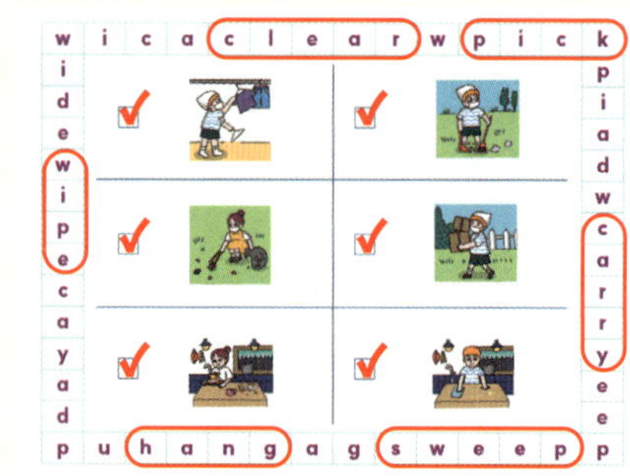

3

(1) **I help Mom <u>sweep</u> the floor.**
나는 엄마가 마루를 쓰는 것을 도와드려요.

(2) **I help Mom <u>mop</u> the floor.**
나는 엄마가 마루를 대걸레로 닦는 것을 도와드려요.

(3) **I help Mom <u>clear</u> the table.**
나는 엄마가 식탁을 치우는 것을 도와드려요.

(4) **I help Mom <u>wipe</u> the table.**
나는 엄마가 식탁을 닦는 것을 도와드려요.

(5) **I help Mom <u>hang</u> the clothes.**
나는 엄마가 옷을 거는 것을 도와드려요.

9 | 즐겁게 함께 해 봐요   pp. 94-95

1

3

(1) **My friends like to <u>play</u> with me.**
내 친구들은 나와 놀기를 좋아해요.

(2) My friends like to **draw** with me.
내 친구들은 나와 그림 그리기를 좋아해요.

(3) My friends like to **dance** with me.
내 친구들은 나와 춤추기를 좋아해요.

(4) My friends like to **sing** with me.
내 친구들은 나와 노래하기를 좋아해요.

(5) My friends like to **cook** with me.
내 친구들은 나와 요리하기를 좋아해요.

10 | 학교에서 배워요　pp. 96-97

1

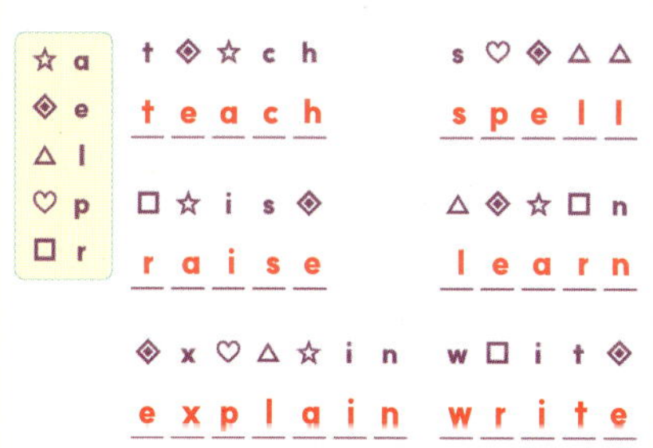

3　(1) We **read** it at school.
우리는 학교에서 그것을 읽어요.

(2) We **write** it at school.
우리는 학교에서 그것을 써요.

(3) We **spell** it at school.
우리는 학교에서 그것을 철자에 맞게 써요.

(4) We **explain** it at school.
우리는 학교에서 그것을 설명해요.

(5) We **discuss** it at school.
우리는 학교에서 그것을 토의해요.

11 | 씩씩하게 운동해요　pp. 98-99

1

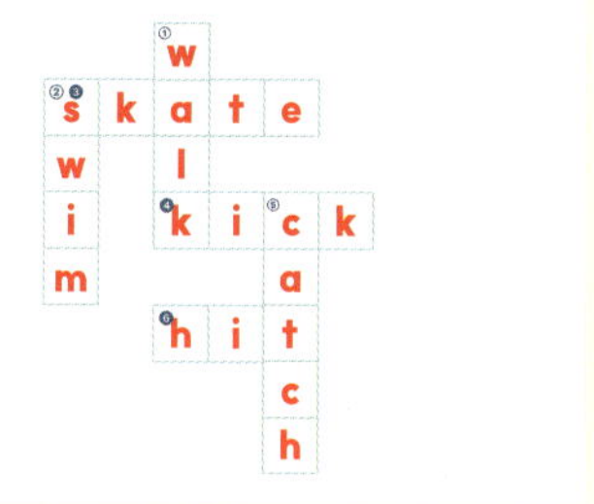

3　(1) We **run** in the P.E. class.
우리는 체육 시간에 달려요.

(2) We **walk** in the P.E. class.
우리는 체육 시간에 걸어요.

(3) We **catch** a ball in the P.E. class.
우리는 체육 시간에 공을 잡아요.

(4) We **kick** a ball in the P.E. class.
우리는 체육 시간에 공을 차요.

(5) We **hit** a ball in the P.E. class.
우리는 체육 시간에 공을 쳐요.

12 | 사이 좋게 지내요　pp. 100-101

1

3　(1) They **meet** each other.
그들은 서로를 만나요.

(2) They **thank** each other.
그들은 서로에게 감사해요.

(3) They **believe** each other.
그들은 서로를 믿어요.

(4) They **introduce** each other.
그들은 서로를 소개해요.

(5) They **welcome** each other.
그들은 서로를 환영해요.

13 | 길을 찾아가요　pp. 102-103

1

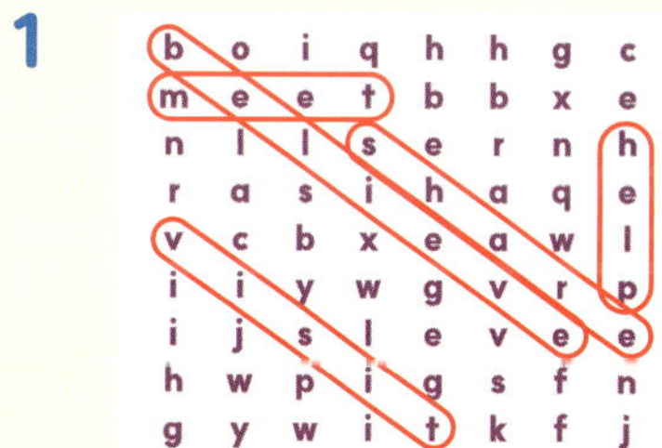

3

(1) Please **cross** right away.
빨리 건너요.

(2) Please **turn** right away.
빨리 돌아요.

(3) Please **leave** right away.
빨리 떠나요.

(4) Please **arrive** right away.
빨리 도착해요.

(5) Please **return** right away.
빨리 돌아와요.

14 | 물건을 사요   pp. 104-105

1

3

(1) I'm going to **buy** the jacket.
나는 그 재킷을 살 거예요.

(2) I'm going to **try on** the jacket.
나는 그 재킷을 입어 볼 거예요.

(3) I'm going to **choose** the jacket.
나는 그 재킷을 고를 거예요.

(4) I'm going to **order** the jacket.
나는 그 재킷을 주문할 거예요.

(5) I'm going to **sell** the jacket.
나는 그 재킷을 팔 거예요.

15 | 일상에서 하는 행동이에요   pp. 106-107

1

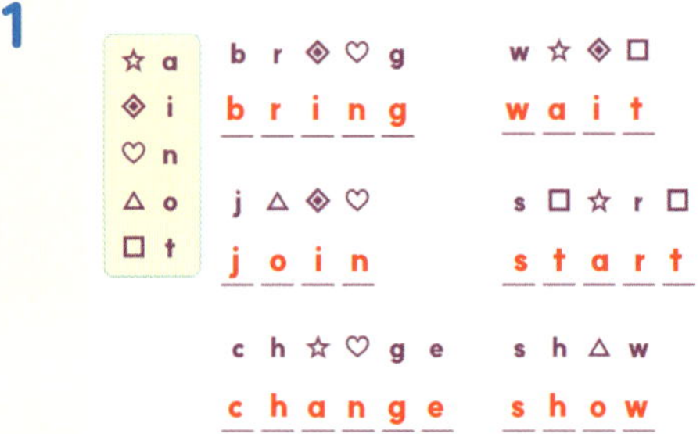

3

(1) Please **start** it right now.
지금 그것을 시작하세요.

(2) Please **change** it right now.
지금 그것을 바꾸세요.

(3) Please **fix** it right now.
지금 그것을 고치세요.

(4) Please **bring** it right now.
지금 그것을 가져오세요.

(5) Please **finish** it right now.
지금 그것을 끝내세요.

16 | 이렇게 하지 마세요   pp. 108-109

1

3

(1) Be sure not to **give up**.
반드시 포기하지 않도록 하세요.

(2) Be sure not to **quit**.
반드시 그만두지 않도록 하세요.

(3) Be sure not to **shout**.
반드시 소리 지르지 않도록 하세요.

(4) Be sure not to **break** this.
반드시 이것을 부수지 않도록 하세요.

(5) Be sure not to **lose** this.
반드시 이것을 잃어버리지 않도록 하세요.

Chapter 3

형용사

1 | 기분에 관해 말해요　pp. 112-113

1

```
a e x q k g e k y
j o x c x p n j n
s q r c u m y o k
y a u q i p o l t
t f d c x t l p i
a f r a i d e p r
m d u j c o f d e
l c y o f z f m d
```

3

(1) I feel so **happy**.　나는 정말 행복해요.

(2) I feel so **tired**.　나는 정말 피곤해요.

(3) I feel so **excited**.　나는 정말 흥분돼요.

(4) I feel so **proud**.　나는 정말 자랑스러워요.

(5) I feel so **sad**.　나는 정말 슬퍼요.

2 | 성격이나 행동에 관해 말해요　pp. 114-115

1

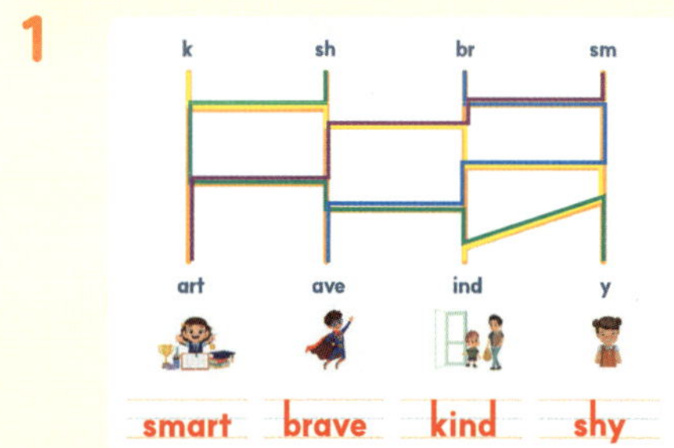

3

(1) I like a **polite** person.
나는 예의 바른 사람이 좋아요.

(2) I like a **kind** person.
나는 친절한 사람이 좋아요.

(3) I like a **brave** person.
나는 용감한 사람이 좋아요.

(4) I like a **smart** person.
나는 똑똑한 사람이 좋아요.

(5) I like an **honest** person.
나는 정직한 사람이 좋아요.

3 | 긍정적 표현이에요　pp. 116-117

1

★ a	g ☆ ☆ d	n ♥ c ◆
◆ e	**good**	**nice**
♥ i	gr ◆ ★ t	◆ ★ s y
☆ o	**great**	**easy**
	☆ k ★ y	s ★ f ◆
	okay	**safe**

3

(1) This one is **safe**.　이것은 안전해요.

(2) This one is **easy**.　이것은 쉬워요.

(3) This one is **perfect**.　이것은 완벽해요.

(4) This one is **healthy**.　이것은 건강해요.

(5) This one is **good**.　이것은 좋아요.

4 | 부정적 표현이에요　pp. 118-119

1

```
d i f f i c u l t  e s i c k
a                         c
n          ✓         ✓    i
g                         w
e                         i
r          ✓         ✓    n
o                         d
u                         a
s                         n
a          ✓         ✓    m
r                         e
y                         s
z                         s
j w e a k c o r a s c a r y
```

3

(1) That one is **terrible**.
저것은 끔찍해요.

(2) That one is **messy**.
저것은 지저분해요.

(3) That one is **scary**.
저것은 무서워요.

(4) That one is **dangerous**.
저것은 위험해요.

(5) That one is **difficult**.
저것은 어려워요.

1

3

(1) **The food tastes bland.**
그 음식은 싱거워요.

(2) **The food tastes sweet.**
그 음식은 달콤해요.

(3) **The food tastes delicious.**
그 음식은 맛있어요.

(4) **The food tastes sour.**
그 음식은 셔요.

(5) **The food tastes spicy.**
그 음식은 매워요.

1

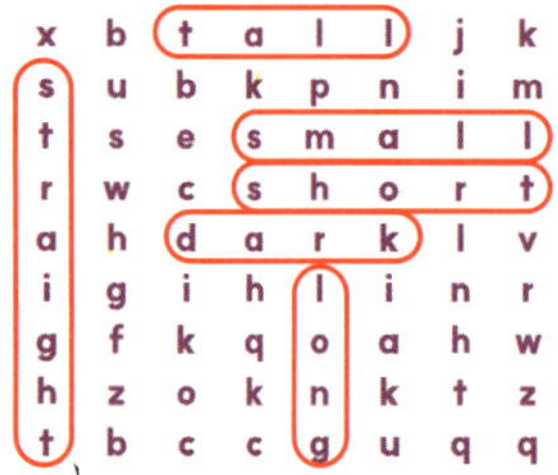

3

(1) **We use big things to make it.**
우리는 그것을 만들기 위해 큰 것을 사용해요.

(2) **We use small things to make it.**
우리는 그것을 만들기 위해 작은 것을 사용해요.

(3) **We use straight things to make it.**
우리는 그것을 만들기 위해 곧은 것을 사용해요.

(4) **We use long things to make it.**
우리는 그것을 만들기 위해 긴 것을 사용해요.

(5) **We use short things to make it.**
우리는 그것을 만들기 위해 짧은 것을 사용해요.

1

3

(1) **We need soft things to build it.**
우리는 그것을 짓기 위해 부드러운 것이 필요해요.

(2) **We need light things to build it.**
우리는 그것을 짓기 위해 가벼운 것이 필요해요.

(3) **We need heavy things to build it.**
우리는 그것을 짓기 위해 무거운 것이 필요해요.

(4) **We need little things to build it.**
우리는 그것을 짓기 위해 작은 것이 필요해요.

(5) **We need hard things to build it.**
우리는 그것을 짓기 위해 딱딱한 것이 필요해요.

1

3

(1) **I draw a red apple.**
나는 빨간색 사과를 그려요.

(2) **I draw a yellow apple.**
나는 노란색 사과를 그려요.

(3) **I draw a green apple.**
나는 초록색 사과를 그려요.

(4) **I draw a pink apple.**
나는 분홍색 사과를 그려요.

(5) I draw a **white** apple.
나는 하얀색 사과를 그려요.

(2) The weather is **hot** today.
오늘 날씨는 더워요.

(3) The weather is **cold** today.
오늘 날씨는 추워요.

(4) The weather is **cloudy** today.
오늘 날씨는 흐려요.

(5) The weather is **rainy** today.
오늘 날씨는 비가 내려요.

9 | 이렇게 설명해요　　pp. 128-129

1

3

(1) The shoes look **cute**.
신발이 귀여워 보여요.

(2) The shoes look **ugly**.
신발이 못생겨 보여요.

(3) The shoes look **funny**.
신발이 웃겨 보여요.

(4) The shoes look **dirty**.
신발이 더러워 보여요.

(5) The shoes look **pretty**.
신발이 예뻐 보여요.

10 | 날씨에 관해 말해요　　pp. 130-131

1

3

(1) The weather is **sunny** today.
오늘 날씨는 맑아요.

Chapter 4

부사

1 | 때를 알려 줘요　　pp. 134-135

1

3

(1) Let's get ready **later**. 나중에 준비하자.
(2) Let's get ready **once**. 한 번만 준비하자.
(3) Let's get ready **soon**. 곧 준비하자.
(4) Let's get ready **quickly**. 빨리 준비하자.
(5) Let's get ready **today**. 오늘 준비하자.

2 | 빈도를 알려 줘요　　pp. 136-137

1

never	again	very	enough	always	often
often	enough	always	never	again	very
again	always	enough	often	very	never
very	never	often	again	enough	always
enough	very	never	always	often	again
always	often	again	very	never	enough

3 (1) My brother **always** wakes up late.

내 남동생은 항상 늦게 일어나요.

(2) My brother **never** wakes up late.

내 남동생은 결코 늦게 일어나지 않아요.

(3) My brother **usually** wakes up late.

내 남동생은 보통 늦게 일어나요.

(4) My brother wakes up late **again**.

내 남동생은 또 늦게 일어나요.

(5) My brother wakes up late **often**.

내 남동생은 자주 늦게 일어나요.

3 | 형용사를 꾸며 줘요　　pp. 138-139

1 (1) most　　(2) best
(3) really　　(4) quite
(5) rarely　　(6) only

3 (1) The car is **quite** fast.

그 자동차는 꽤 빨라요.

(2) The car is **overly** fast.

그 자동차는 지나치게 빨라요.

(3) The car is **too** fast.

그 자동차는 너무 빨라요.

(4) The car is **really** fast.

그 자동차는 정말로 빨라요.

(5) The car is **only** fast.

그 자동차는 오직 빠르기만 해요.

Chapter 5

반대말

1 | 서로 반대되는 말이에요 1
pp. 142-143

1

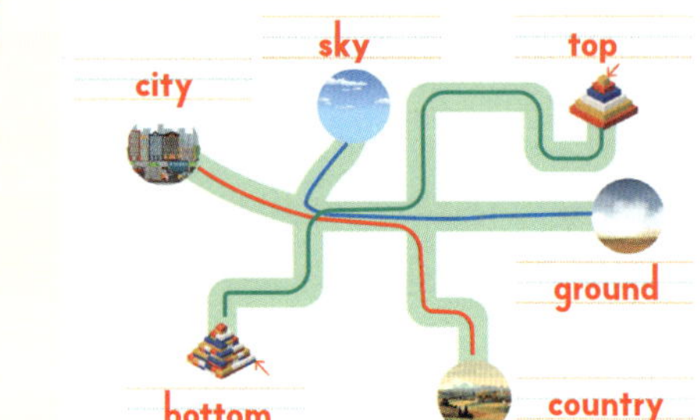

3 (1) The city is busy but the **country** is quiet.

도시는 바쁘지만 시골은 한산해요.

(2) We look up the **sky** but we look down the **ground**.

우리는 하늘을 올려다보지만 땅은 내려다봐요.

(3) The bird is on the **top** but the ant is at the **bottom**.

새는 맨 위에 있는데 개미는 맨 아래 있어요.

(4) She sits in the **front** but he stands in the **back**.

그녀는 앞쪽에 앉아 있지만 그는 뒤쪽에 서 있어요.

(5) You have **everything** but I have **nothing**.

당신은 모든 것을 가졌지만 나는 아무것도 없어요.

2 | 서로 반대되는 말이에요 2
pp. 144-145

1

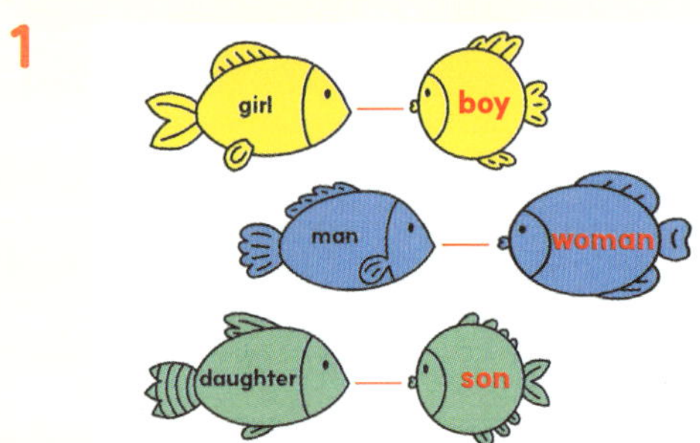

3 (1) The **girl** dances but the **boy** swimws.

소녀는 춤을 추는데 소년은 수영을 해요.

(2) The <u>man</u> goes there but the <u>woman</u> comes here.

그 남자는 저쪽으로 가지만 그 여자는 이쪽으로 와요.

(3) His son runs but her <u>daughter</u> walks.

그의 아들은 뛰는데 그녀의 딸은 걸어요.

(4) The <u>husband</u> cooks but the <u>wife</u> laughs.

남편은 요리하지만 아내는 웃어요.

(5) The <u>children</u> jump but the <u>parents</u> talk.

아이들은 점프하는데 부모님은 이야기를 나눠요.

3 | 서로 반대되는 말이에요 3
pp. 146-147

1

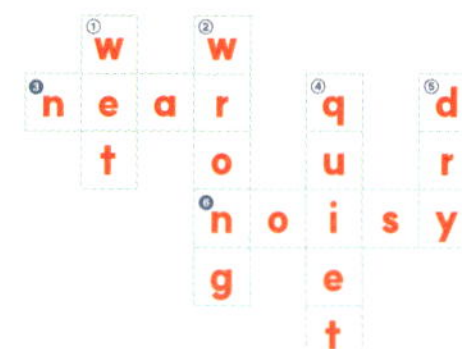

3

(1) The man was <u>young</u> but the lady was <u>old</u>.

그 남자는 젊은데 그 여자는 나이가 많아요.

(2) This country is <u>rich</u> but that country is <u>poor</u>.

이 나라는 부유한데 저 나라는 가난해요.

(3) Our hats are the <u>same</u> but our shoes are <u>different</u>.

우리 모자는 같은데 우리 신발은 달라요.

(4) The mountain is <u>high</u> but the river is <u>low</u>.

산은 높은데 강은 낮아요.

(5) My pizza is <u>thin</u> but your pizza is <u>thick</u>.

내 피자는 얇은데 네 피자는 두꺼워요.

4 | 서로 반대되는 말이에요 4
pp. 148-149

1

3

(1) Your answer is <u>right</u> but my answer is <u>wrong</u>.

너의 대답은 옳은데 나의 대답은 틀려요.

(2) The library is <u>quiet</u> but the playground is <u>noisy</u>.

그 도서관은 조용한데 그 운동장은 시끄러워요.

(3) The story is <u>true</u> but the picture is <u>false</u>.

그 이야기는 사실인데 그 사진은 거짓이에요.

(4) My shirt is <u>dry</u> but my socks are <u>wet</u>.

내 셔츠는 말랐는데 내 양말은 젖었어요.

(5) The bank is <u>near</u> but the school is <u>far</u>.

은행은 가까운데 학교는 멀어요.

5 | 서로 반대되는 말이에요 5
pp. 150-151

1

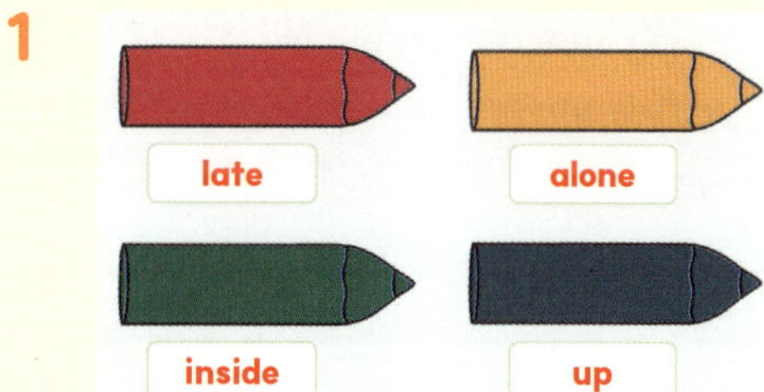

3

(1) Elephants live <u>together</u> but tigers live <u>alone</u>.

코끼리들은 다 함께 사는데 호랑이는 혼자 살아요.

(2) James came early but Henry came **late**.

제임스는 일찍 왔는데 헨리는 늦게 왔어요.

(3) Mia arrived **first** but Emma arrived **last**.

미아는 먼저 도착했는데 엠마는 마지막에 도착했어요.

(4) Children study **inside** but parents wait **outside**.

아이들은 안에서 공부하는데 부모님들은 밖에서 기다려요.

(5) The birds fly **up** but the ducks dive **down**.

새들은 위로 날아오르는데 오리들은 아래로 잠수해요.

Chapter 6

사이트워드

1 | 1부터 10까지 세어요 pp. 154-155

1
(1) one (2) six
(3) ten (4) three
(5) five (6) eight

3
(1) I am **six** years old. 나는 6살이에요.
(2) I am **seven** years old. 나는 7살이에요.
(3) I am **eight** years old. 나는 8살이에요.
(4) I am **nine** years old. 나는 9살이에요.
(5) I am **ten** years old. 나는 10살이에요.

2 | 큰 수를 세어요 pp. 156-157

1
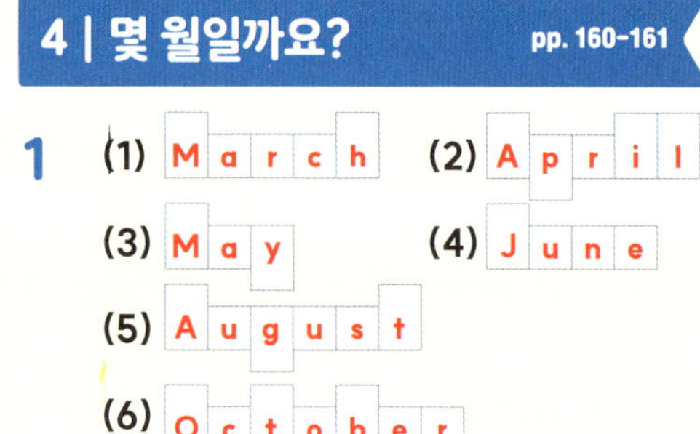

hundred	twelve	twenty	forty	thirty	eleven
eleven	forty	thirty	twenty	hundred	twelve
twenty	eleven	twelve	hundred	forty	thirty
thirty	hundred	forty	twelve	eleven	twenty
forty	twenty	eleven	thirty	twelve	hundred
twelve	thirty	hundred	eleven	twenty	forty

3
(1) There are **eleven** cookies.

쿠키가 11개 있어요.

(2) There are **twelve** cookies.

쿠키가 12개 있어요.

(3) There are **thirteen** cookies.

쿠키가 13개 있어요.

(4) There are **fourteen** cookies.

쿠키가 14개 있어요.

(5) There are **fifteen** cookies.

쿠키가 15개 있어요.

3 | 무슨 요일일까요? pp. 158-159

1
◆ Monday ◇ Tuesday ♥ Wednesday
☆ Thursday ♠ Friday

3
(1) Today is **Tuesday**. 오늘은 화요일이에요.
(2) Today is **Wednesday**.

오늘은 수요일이에요.

(3) Today is **Thursday**. 오늘은 목요일이에요.
(4) Today is **Friday**. 오늘은 금요일이에요.
(5) Today is **Sunday**. 오늘은 일요일이에요.

4 | 몇 월일까요? pp. 160-161

1
(1) March (2) April
(3) May (4) June
(5) August (6) October

3
(1) My birthday is in **February**.

제 생일은 2월이에요.

(2) My birthday is in **April**.

제 생일은 4월이에요.

(3) My birthday is in **June**.

제 생일은 6월이에요.

(4) My birthday is in **November**.

제 생일은 11월이에요.

(5) **My birthday is in <u>December</u>.**
제 생일은 12월이에요.

5 | 언제인지 알아요 pp. 162-163

1

morning
afternoon
evening
day
night

3 (1) **I'm thinking of you all <u>year</u>.**
나는 일 년 내내 당신을 생각하고 있어요.

(2) **I'm thinking of you all <u>day</u>.**
나는 하루 종일 당신을 생각하고 있어요.

(3) **I'm thinking of you all <u>morning</u>.**
나는 아침 내내 당신을 생각하고 있어요.

(4) **I'm thinking of you all <u>afternoon</u>.**
나는 오후 내내 당신을 생각하고 있어요.

(5) **I'm thinking of you all <u>night</u>.**
나는 밤새도록 당신을 생각하고 있어요.

6 | 생각해서 질문해요 pp. 164-165

1

who	when	where	how	why	what
what	how	why	where	who	when
where	what	when	who	how	why
why	who	how	when	what	where
how	where	what	why	when	who
when	why	who	what	where	how

3 (1) **<u>Where</u> do you like to play?**
어디서 노는 것을 좋아하나요?

(2) **<u>When</u> do you like to play?**
언제 노는 것을 좋아하나요?

(3) **<u>How</u> do you like to play?**
어떻게 노는 것을 좋아하나요?

(4) **<u>What</u> do you like to play with?**
무엇을 가지고 노는 것을 좋아하나요?

(5) **<u>Who</u> do you like to play with?**
누구와 함께 노는 것을 좋아하나요?

7 | 명사와 함께 써요 1 pp. 166-167

1 **in** 6개, **on** 4개, **over** 5개, **under** 5개, **at** 6개

3 (1) **The cat is <u>under</u> the box.**
그 고양이는 상자 아래에 있어요.

(2) **The cat is <u>by</u> the box.**
그 고양이는 상자 곁에 있어요.

(3) **The cat is <u>behind</u> the box.**
그 고양이는 상자 뒤에 있어요.

(4) **The cat is <u>in</u> the box.**
그 고양이는 상자 안에 있어요.

(5) **The cat is <u>on</u> the box.**
그 고양이는 상자 위에 있어요.

8 | 명사와 함께 써요 2 pp. 168-169

1 (1) during (2) among
(3) until (4) around

3 (1) **Wait <u>until</u> the vacation.**
방학까지 기다리세요.

(2) **Wait for the news <u>from</u> the vacation.**
방학 때부터 오는 소식을 기다리세요.

(3) **Study <u>with</u> the computer.**
컴퓨터로 공부하세요.

(4) **Study <u>without</u> the computer.**
컴퓨터 없이 공부하세요.

(5) **Study <u>for</u> the test.**
시험을 위해 공부하세요.

1

now	later	soon	no	sure	yes
yes	no	sure	soon	now	later
soon	yes	later	now	no	sure
sure	now	no	later	yes	soon
no	soon	yes	sure	later	now
later	sure	now	yes	soon	no

3

(1) See you **soon**. 곧 만나요.

(2) See you **later**. 나중에 만나요.

(3) See you **then**. 그때 만나요.

(4) Are you **sure**? 당신은 확실한가요?

(5) Are you **alright**? 당신은 괜찮은가요?

1

3

(1) I have time **and** I have to work.
나는 시간이 있고 일해야 해요.

(2) I have time **so** I have to work.
나는 시간이 있어서 일해야 해요.

(3) I have time **but** I have to work.
나는 시간이 있지만 일해야 해요.

(4) I have no time **because** I have to work.
나는 시간이 없어요. 왜냐하면 일해야 해서요.

(5) I have no time **while** I have to work.
나는 일해야 하는 동안에는 시간이 없어요.

1

(1) t h i s　　(2) t h a t

(3) m a n y　　(4) t h e s e

(5) t h o s e　　(6) m u c h

3

(1) Do you want **any** of them?
당신은 그것들 중에서 어떤 것을 원하나요?

(2) Do you want **both** of them?
당신은 그것들 둘 다를 원하나요?

(3) Do you want **all** of them?
당신은 그것들 전부를 원하나요?

(4) I want **some** books.
나는 몇 권의 책을 원해요.

(5) I want **many** books.
나는 많은 책을 원해요.

1

3

(1) **He** looks nice.
그는 멋져 보여요.

(2) **She** looks nice.
그녀는 멋져 보여요.

(3) **His** hat looks nice.
그의 모자는 멋져 보여요.

(4) **Her** hat looks nice.
그녀의 모자는 멋져 보여요.

(5) **Your** hat looks nice.
당신의 모자는 멋져 보여요.

1
(1)  w e
(2)  i t
(3)  t h e i r
(4) 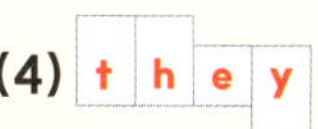 t h e y
(5) a r e
(6) o u r

3
(1) **I really like it.**
나는 그것을 정말 좋아해요.(마음에 들어요.)

(2) **I really like their bags.**
나는 그들의 가방을 정말 좋아해요.(마음에 들어요.)

(3) **I really like our bags.**
나는 우리의 가방을 정말 좋아해요.(마음에 들어요.)

(4) **I really like them.**
나는 그들을 정말 좋아해요.

(5) **I really like us.**
나는 우리를 정말 좋아해요.

1

put	come	have	make	give	go
go	make	give	have	put	come
have	go	come	put	make	give
give	put	make	come	go	have
make	have	go	give	come	put
come	give	put	go	have	make

3
(1) **You can put it here.**
여기에 그것을 놓아도 됩니다.

(2) **You can get it here.**
여기에서 그것을 받으면 됩니다.

(3) **You can have it here.**
여기에서 그것을 가지면 됩니다.

(4) **You can keep it here.**
여기에 그것을 보관해도 됩니다.

(5) **You can take it here.**
여기에서 그것을 가져가도 됩니다.

1
(1) c a n
(2) w o u l d
(3) w i l l
(4) m a y
(5) m u s t
(6) s h o u l d

3
(1) **Do you leave now?**
지금 떠나나요?

(2) **Could you leave now?**
지금 떠나 주실래요?

(3) **Can you leave now?**
지금 떠날 수 있나요?

(4) **Would you leave now?**
지금 떠나 주시겠어요?

(5) **Will you leave now?**
지금 떠날 건가요?

1

3
(1) **I'm in the fifth grade.**
나는 5학년이에요.

(2) **I'm in the first grade.**
나는 1학년이에요.

(3) **I'm in the third grade.**
나는 3학년이에요.

(4) **I'm in the fourth grade.**
나는 4학년이에요.

(5) **I'm in the second grade.**
나는 2학년이에요.

1

3

(1) **Please go to the <u>left</u>.**

왼쪽으로 가 주세요.

(2) **Please go to the <u>center</u>.**

가운데로 가 주세요.

(3) **Please go to the <u>right</u>.**

오른쪽으로 가 주세요.

(4) **Please go <u>forward</u>.**

앞으로 가 주세요.

(5) **Please go <u>there</u>.**

거기로 가 주세요.

어서와! 영어

단어책으로 익히고 활동책으로 연습하는

교육부 지정 초등 필수

영단어
800

어린이영어교육연구회 지음

서사원 주니어

낯선 나라에서 단어로 문 열기

낯선 나라에 갔는데 그곳의 언어를 모른 채 목이 마르다고 상상해 보세요.
어떻게 하시겠습니까?

① 낯선 자음과 모음을 조합해 글자를 써 본다.
② "안녕하세요. 저는 목이 마릅니다."라는 문장을 말한다.
③ 손으로 마시는 시늉을 하며 "물"이라고 단어를 말한다.

정답은 3번!

단어는 의사소통의 기본 단위입니다. 언어가 하나의 집이라면 단어는 벽돌입니다. 벽돌이 풍부할수록 튼튼하고 커다란 집을 지을 수 있어요. 교육자는 학습자가 이 벽돌을 머릿속에 쌓아 언제든 꺼내어 사용할 수 있도록 도와야 합니다. 하지만 단순히 단어를 쌓기만 하면 벽돌 더미가 될 뿐이어서 대개 가장 최근에 배운 것은 알지만, 며칠 전 혹은 몇 달 전에 공부한 단어는 잊어버리기 일쑤입니다.

이 책은 명사, 동사, 형용사, 부사 등으로 단어를 분류하여 체계적으로 구성했습니다. 품사별로 단어를 나열했다는 뜻입니다. 문법 용어를 잘 모른다고 걱정할 필요는 없습니다. 단어군을 익혀 두면 훗날 문법을 공부할 때 훨씬 쉽지요. 아기가 침실에서 놀다가 거실로 기어 나오고, 부엌에서 형제들과 시간을 보내며 집의 구조와 각 공간의 용도를 저절로 알게 되는 것과 같습니다.

또한, 이 책은 단어를 단순히 품사별로 나열하지 않고, '예쁜 내 얼굴이에요,' '이크, 병이 났어요,' '몸을 움직여요'와 같이 주제별로 연관된 단어들을 묶어 제시합니다. 이를 통해 학습자는 관련 단어들을 함께 기억할 수 있으며 새로운 단어를 볼 때 기존 지식을 바탕으로 단어를 확장할 수 있습니다. 마치 집 안의 옷장, 식탁, 책상 등이 깔끔하게 정리되어 필요한 물건을 쉽게 꺼낼 수 있는 것과 같아요.

어린이가 영어 학습을 시작할 때 파닉스나 문법이 우선이 아닙니다. 먼저 많은 단어를 익혀 영어에 대한 지식이 생겨야 합니다. 통문자로 보고 읽는 단어가 늘어나면 파닉스를 배울 때도 어렵지 않고, 단어들의 연결 법칙인 문법도 쉬워집니다. 이러한 영어 학습 대전제를 바탕으로, 어린이들의 심리를 잘 아는 네 명의 현직 초등 교사들이 필수 어휘를 가르고 모은 뒤 이를 그림과 함께 구성해 연습할 수 있도록 책을 완성했습니다.

꼭 알아야 할 단어를 지루하지 않게 마치 여러 편의 동화를 읽는 것처럼 연습하는 『초등 필수 영단어 800』이 대한민국 모든 초등학생의 공통 필수 책이 되어 영어를 거부하는 사례가 생기지 않고 영어 기초를 잘 쌓아 나갈 수 있기를 바라는 마음입니다.

어린이영어교육연구회 홍현주 박사

첫 단어, 새로운 시작 여러분의 여정은 여기서 시작됩니다.

 Who?

초등 교사 4인방이

 What?

2022 개정교육과정 기반 초등 필수 어휘 800개를 포함하여

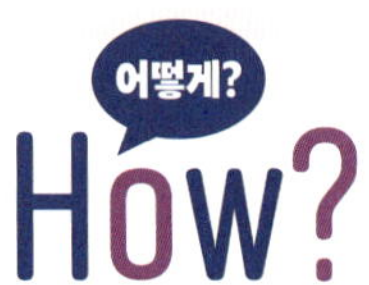 How?

품사별, 주제별 학습을 하도록 구성하였습니다.
단어책과 활동책을 통해 반복 학습을 하도록 나선형 구조로 설계하였습니다.

단어책 구성

초등 교육 과정에서 놓치기 쉬운 품사를 인지할 수 있으며 어휘를 품사별로 나누어 중요도가 높은 순서로 구성하였습니다. 초등에서 주로 다루는 어휘에서 어떤 품사의 중요도가 높은지 알 수 있습니다.

초등학생들의 이해를 돕기 위해 쉬운 말로 풀어서 설명하였습니다.

품사로 1차 분류 후에 주제별로 나누어 초등학생들이 받아들이기 쉬운 구조로 재정리하였습니다.
1) 이미지로 학습
2) QR을 통해 음성 확인
3) 따라 읽기
4) 철자와 우리말 뜻 학습

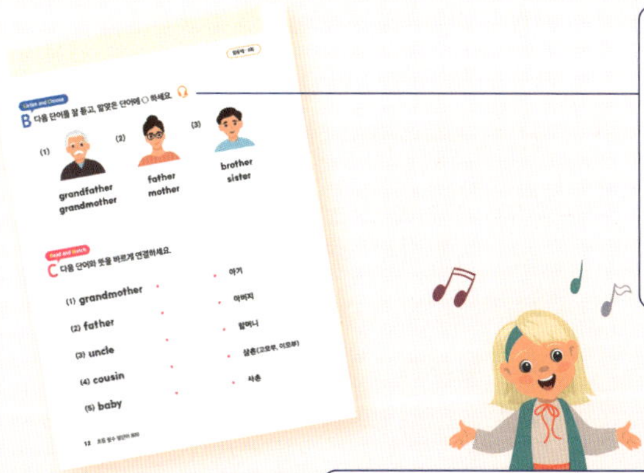

입력(input)된 어휘가 잘 출력(output)되기 위해서는 배운 것을 점검하는 확인 학습이 반드시 필요합니다.
Listen and Choose 문제에서 음성 언어를 듣고 이미지와 철자를 확인합니다.
Read and Match 문제에서 문자 언어를 읽을 수 있는지, 그 의미를 정확히 아는지 확인합니다.

품사마다 주제별로만 나타내기 아쉬워 새로운 카테고리로 확장한 단원들도 있습니다.
교육부 지정 초등 필수 어휘에 수록된 어휘지만 초등학생들에게 추상적으로 인지될 수 있는 어휘들은 따로 정리해 이해하기 쉽게 구성하였습니다.

활동책 구성

단어책에서 학습한 어휘를 다시 한 번 복습합니다.
1) 이미지 연상법
2) 다양한 놀이를 통한 습득법
3) 듣기, 읽기, 말하기를 넘어 쓰기 활동까지
4) 문장 속에서 활용하기
5) 패턴 문장 익히기

이미지와 철자를 다시 한 번 연상시키는 활동

다양한 놀이, 게임, 퍼즐 형태로 어휘를 습득하는 활동

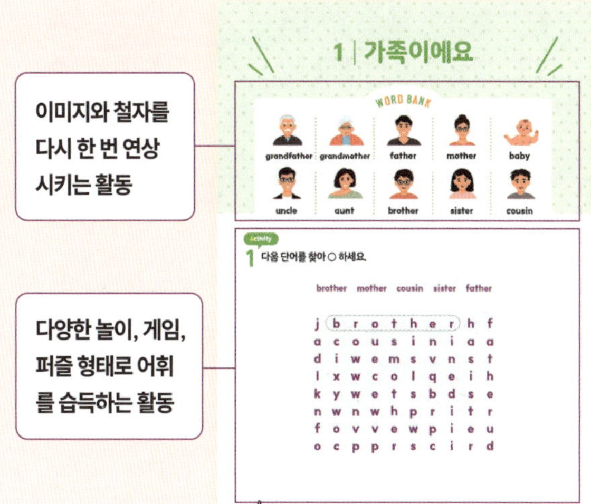

따라 쓰기, 보고 쓰기 활동

문장 속에서 활용하여 패턴 문장 익히기까지 확장하는 활동

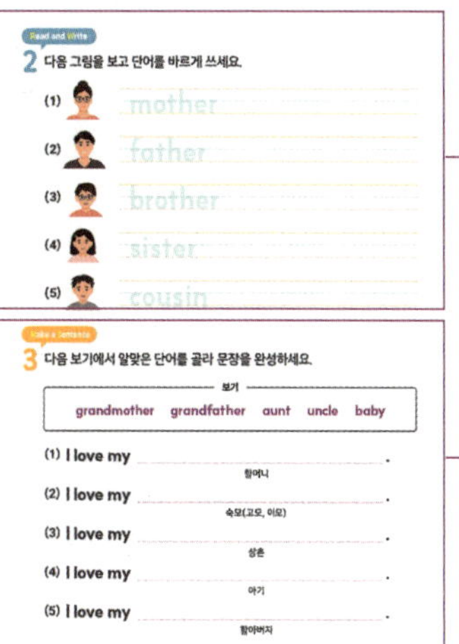

Contents

backward

Chapter
1
명사

명사? 그게 뭐야?

명사는 언어를 생각할 때 가장 먼저 떠오르는 단어예요.

사람, 동물, 식물 같은 생명체와 물건, 경치, 건물 같은 사물을 말해요.

가끔은 우정, 사랑 같은 머릿속 생각도 되지요. 그래서 무엇(what) 그리고

누구(who)라는 물음에 답이 될 수 있어요.

영어에서 명사는 a/an 또는 the 같은 모자를 자주 써요.

 **a**  **a dog**  **the**  **the dog**

 **an**  **an apple**  **the**  **the apple**

그런가 하면 어떤 명사는 하나 이상일 때 -s 같은 꼬리를 달기도 한답니다.

 **apple**  **apples**

자, 그럼 이제 명사 단어를 배워 볼까요?

1) 가족이에요

A 다음 단어를 잘 듣고, 3번 따라 읽어 보세요.  

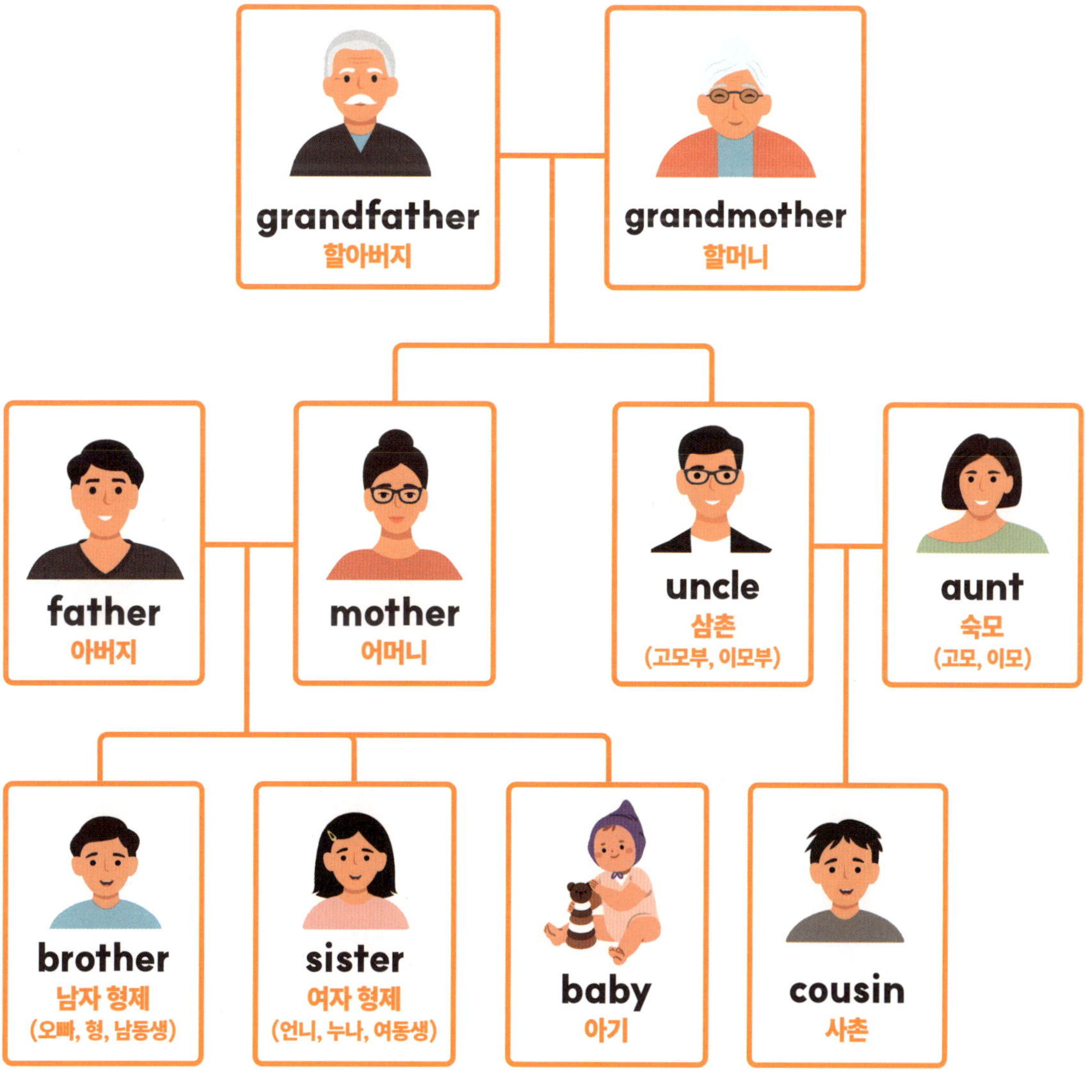

grandfather
할아버지

grandmother
할머니

father
아버지

mother
어머니

uncle
삼촌
(고모부, 이모부)

aunt
숙모
(고모, 이모)

brother
남자 형제
(오빠, 형, 남동생)

sister
여자 형제
(언니, 누나, 여동생)

baby
아기

cousin
사촌

B 다음 단어를 잘 듣고, 알맞은 단어에 ○ 하세요.

(1) 

grandfather
grandmother

(2) 

father
mother

(3) 

brother
sister

C 다음 단어와 뜻을 바르게 연결하세요.

(1) **grandmother** •   • 아기

(2) **father** •   • 아버지

(3) **uncle** •   • 할머니

(4) **cousin** •   • 삼촌(고모부, 이모부)

(5) **baby** •   • 사촌

2 우리 집이에요

A 다음 단어를 잘 듣고, 3번 따라 읽어 보세요.

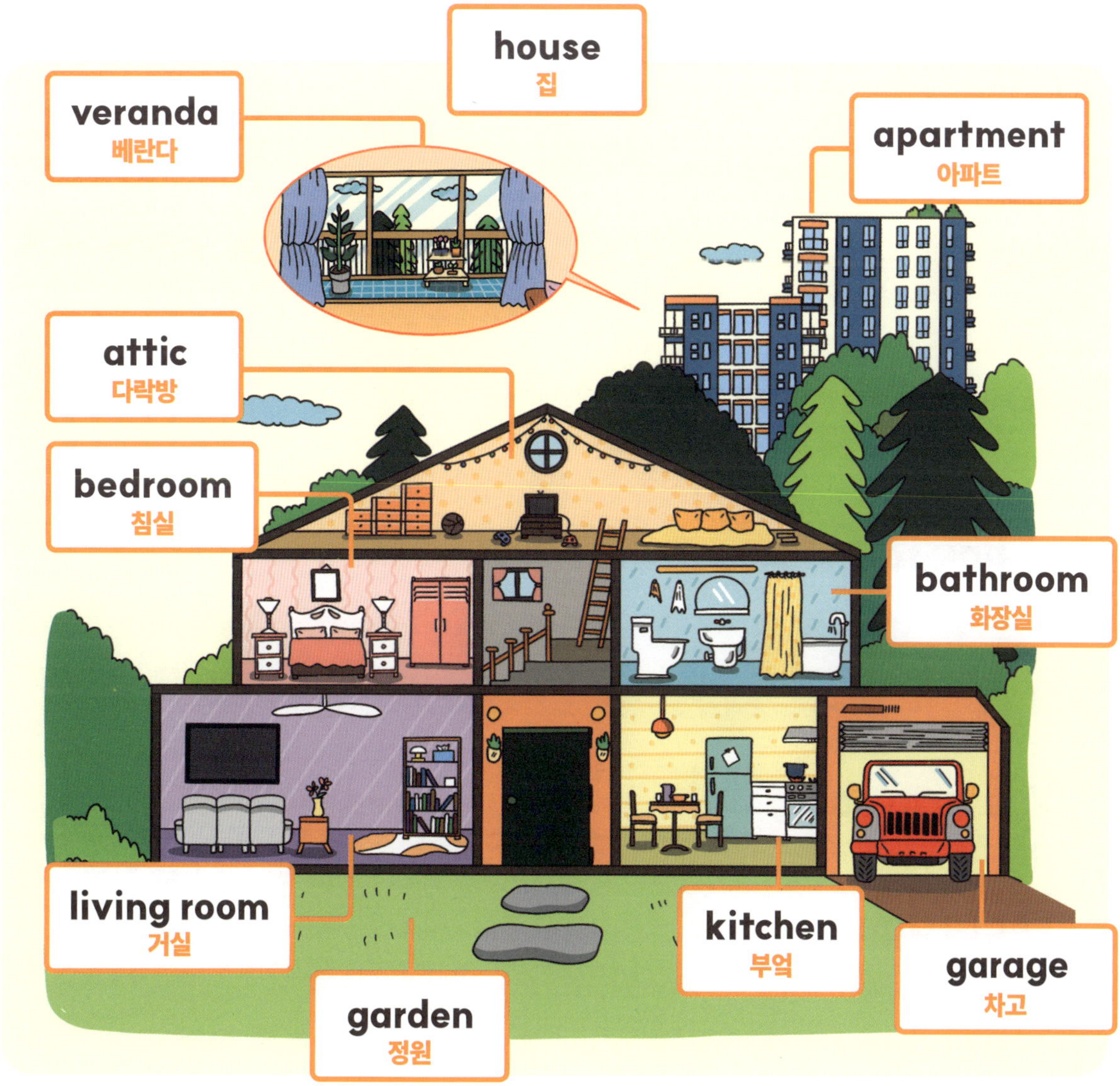

B 다음 단어를 잘 듣고, 알맞은 단어에 ○ 하세요.

(1) 

apartment
attic

(2) 

bathroom
bedroom

(3) 

kitchen
garage

C 다음 단어와 뜻을 바르게 연결하세요.

(1) **house** •   • 거실

(2) **bathroom** •   • 차고

(3) **living room** •   • 정원

(4) **garage** •   • 집

(5) **garden** •   • 화장실

3 집 안을 살펴봐요

A 다음 단어를 잘 듣고, 3번 따라 읽어 보세요.

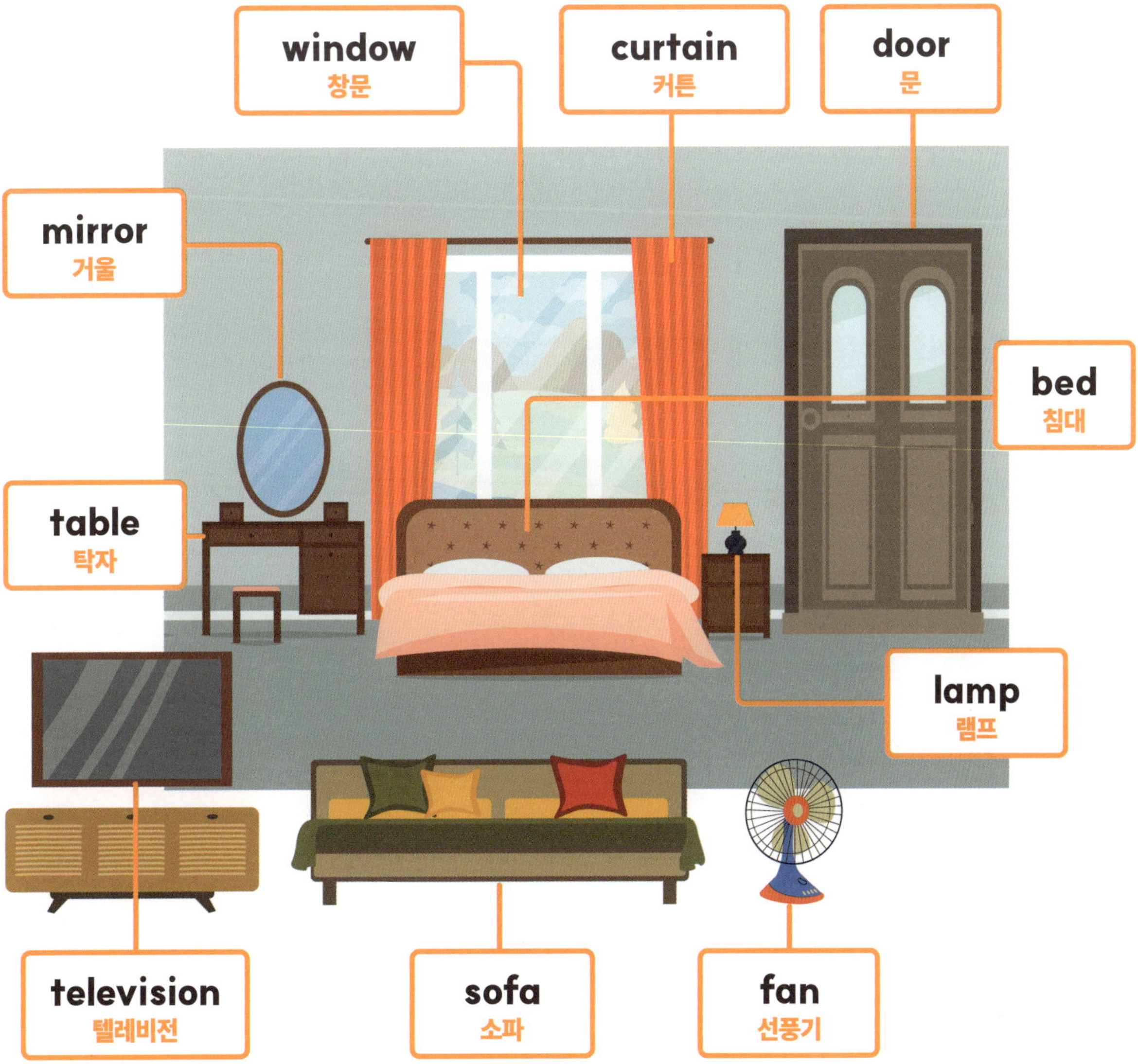

B 다음 단어를 잘 듣고, 알맞은 단어에 ○ 하세요.

(1) **window**
door

(2) **sofa**
bed

(3) **television**
mirror

C 다음 단어와 뜻을 바르게 연결하세요.

(1) **door** •   • 문

(2) **fan** •   • 램프

(3) **table** •   • 선풍기

(4) **curtain** •   • 커튼

(5) **lamp** •   • 탁자

4) 부엌을 살펴봐요

Look and Listen

A 다음 단어를 잘 듣고, 3번 따라 읽어 보세요.  

refrigerator
냉장고

microwave
전자레인지

pot
냄비

fork
포크

spoon
숟가락

chopsticks
젓가락

knife
칼

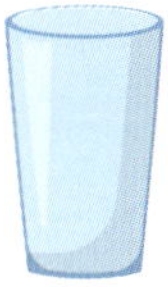

plate
접시

cup
컵

glass
유리컵

B 다음 단어를 잘 듣고, 알맞은 단어에 ○ 하세요.

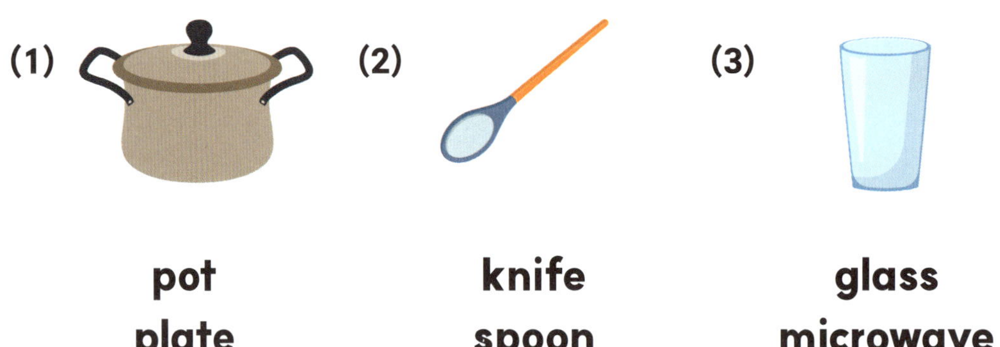

(1)
pot
plate

(2)
knife
spoon

(3)
glass
microwave

C 다음 단어와 뜻을 바르게 연결하세요.

(1) **fork** • • 냉장고

(2) **chopsticks** • • 젓가락

(3) **spoon** • • 컵

(4) **cup** • • 숟가락

(5) **refrigerator** • • 포크

5 시원하게 입어요

A 다음 단어를 잘 듣고, 3번 따라 읽어 보세요.  

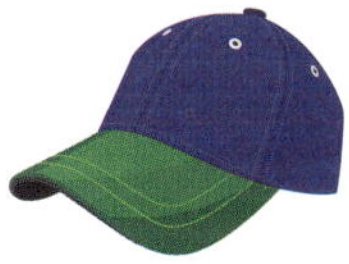

cap
모자

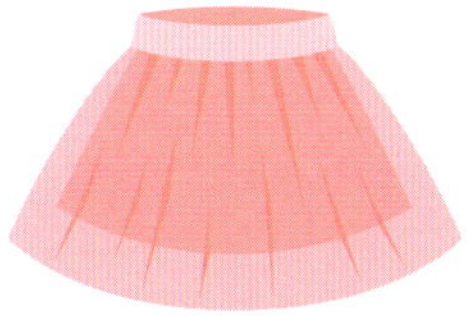

skirt
치마

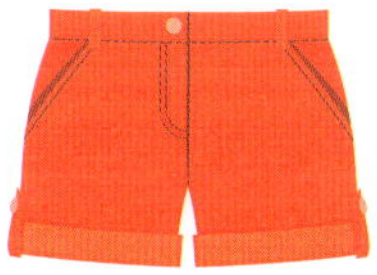

shorts
반바지

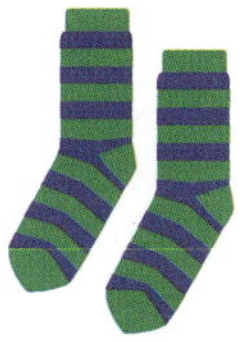

socks
양말

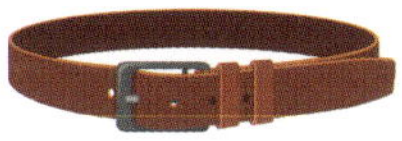

belt
벨트

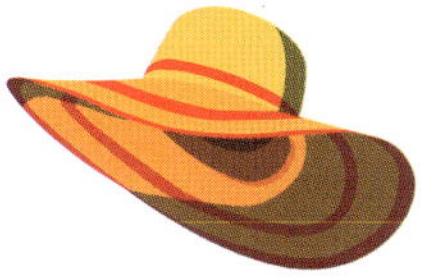

hat
챙 모자

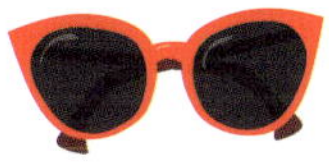

sunglasses
선글라스

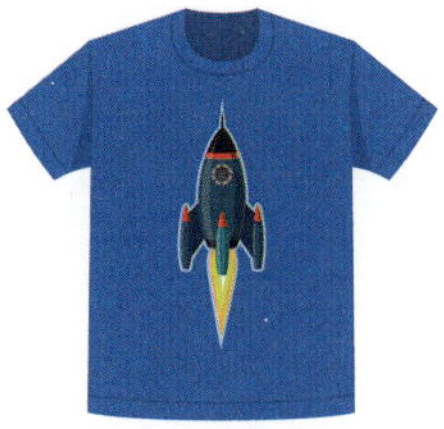

T-shirt
티셔츠

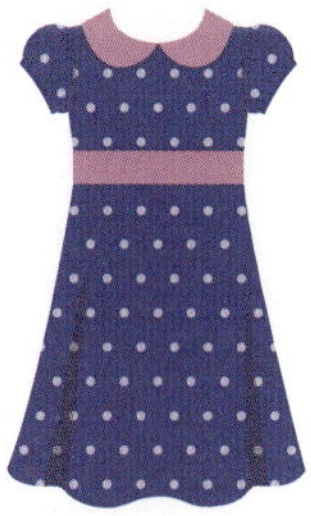

dress
원피스

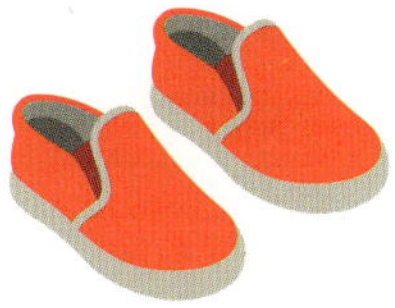

shoes
신발

B 다음 단어를 잘 듣고, 알맞은 단어에 ○ 하세요.

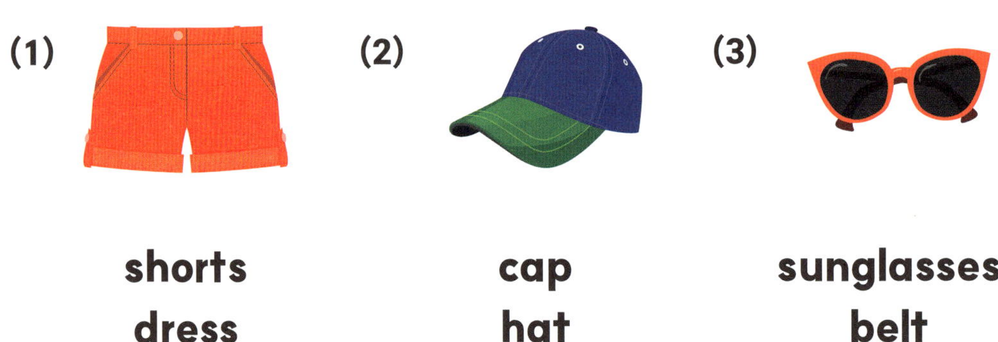

(1) shorts
dress

(2) cap
hat

(3) sunglasses
belt

C 다음 단어와 뜻을 바르게 연결하세요.

(1) T-shirt •   • 신발

(2) shoes •   • 티셔츠

(3) socks •   • 양말

(4) hat •   • 치마

(5) skirt •   • 챙 모자

명사

6 따뜻하게 입어요

Look and Listen

A 다음 단어를 잘 듣고, 3번 따라 읽어 보세요.

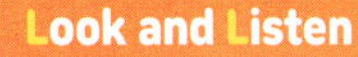

glasses
안경

tie
넥타이

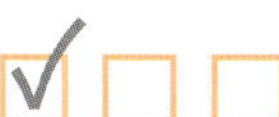

boots
장화, 부츠

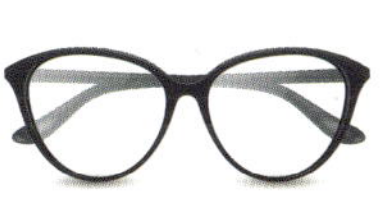

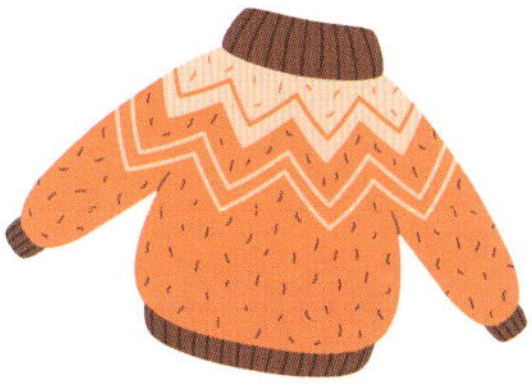

sweater
스웨터

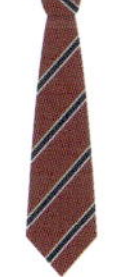

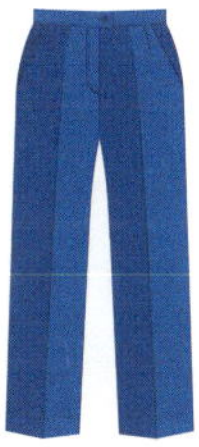

pants
바지

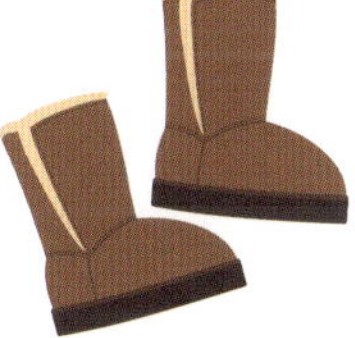

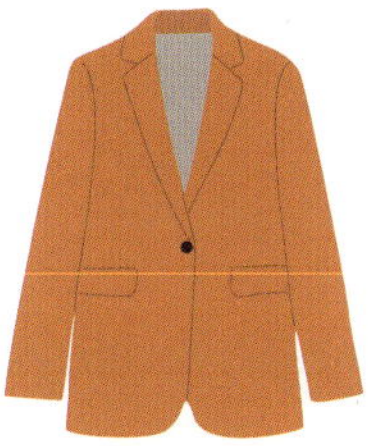

jacket
재킷

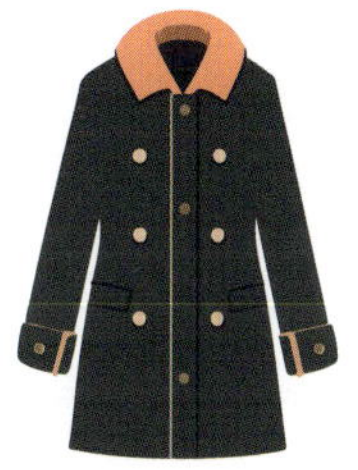

coat
코트

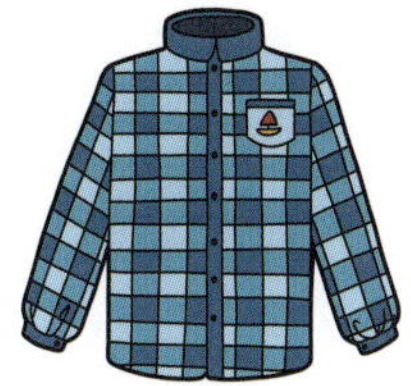

shirt
셔츠

button
단추

umbrella
우산

B 다음 단어를 잘 듣고, 알맞은 단어에 ○ 하세요.

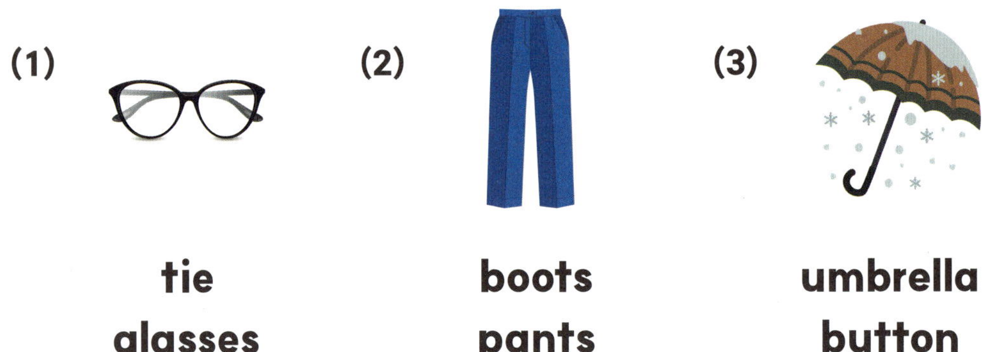

(1)
tie
glasses

(2)
boots
pants

(3)
umbrella
button

C 다음 단어와 뜻을 바르게 연결하세요.

(1) **shirt**　　　•　　　　　•　바지

(2) **pants**　　　•　　　　　•　코트

(3) **coat**　　　•　　　　　•　스웨터

(4) **sweater**　　•　　　　　•　재킷

(5) **jacket**　　　•　　　　　•　셔츠

7 예쁜 내 얼굴이에요

A 다음 단어를 잘 듣고, 3번 따라 읽어 보세요.

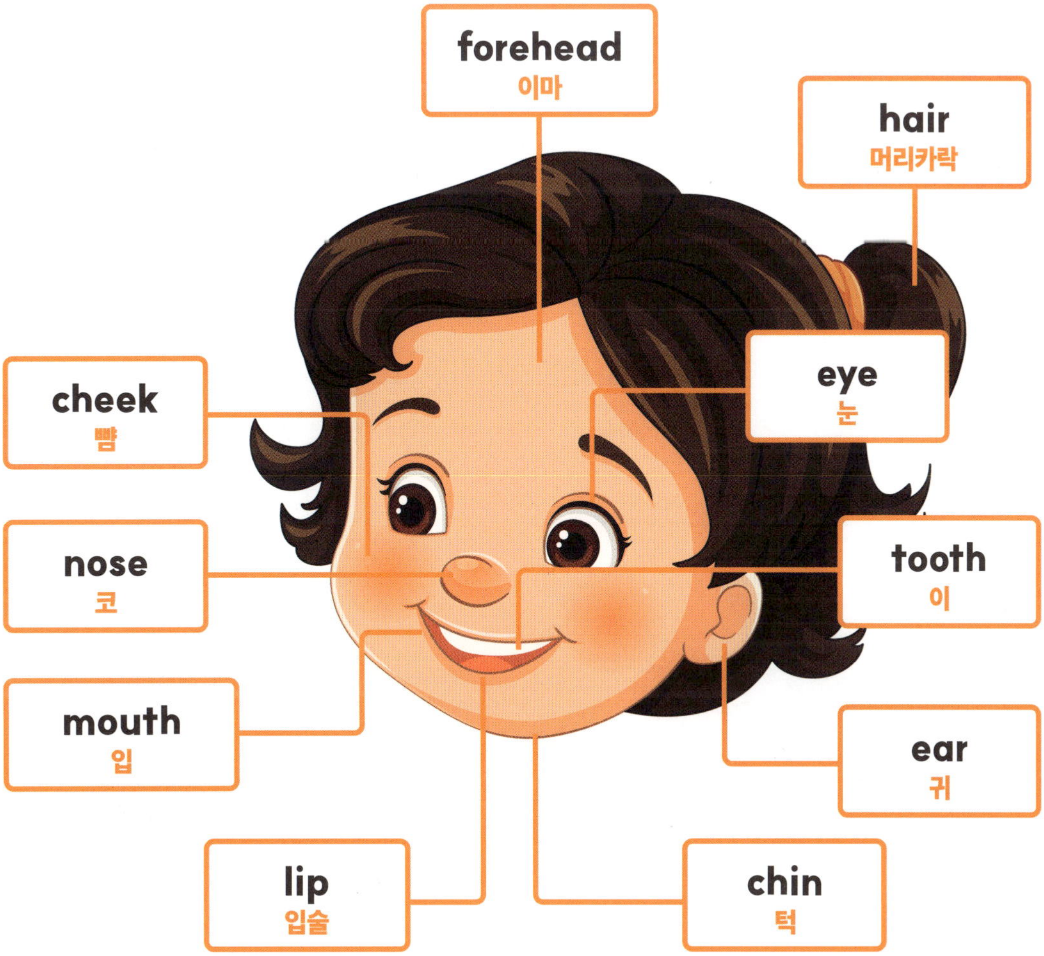

B 다음 단어를 잘 듣고, 알맞은 단어에 ○ 하세요.

(1) 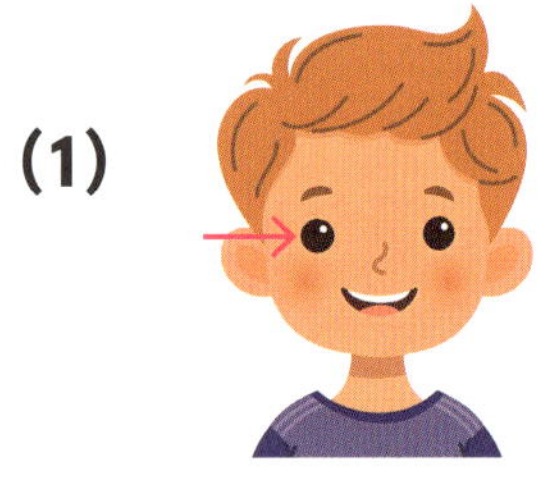

eye
ear

(2) 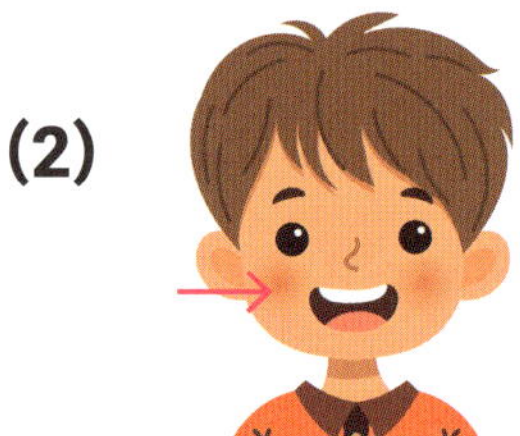

chin
cheek

(3) 

mouth
nose

C 다음 단어와 뜻을 바르게 연결하세요.

(1) **hair** •   • 이

(2) **nose** •   • 코

(3) **tooth** •   • 머리카락

(4) **chin** •   • 턱

(5) **ear** •   • 귀

8 튼튼한 내 몸이에요

A 다음 단어를 잘 듣고, 3번 따라 읽어 보세요. 

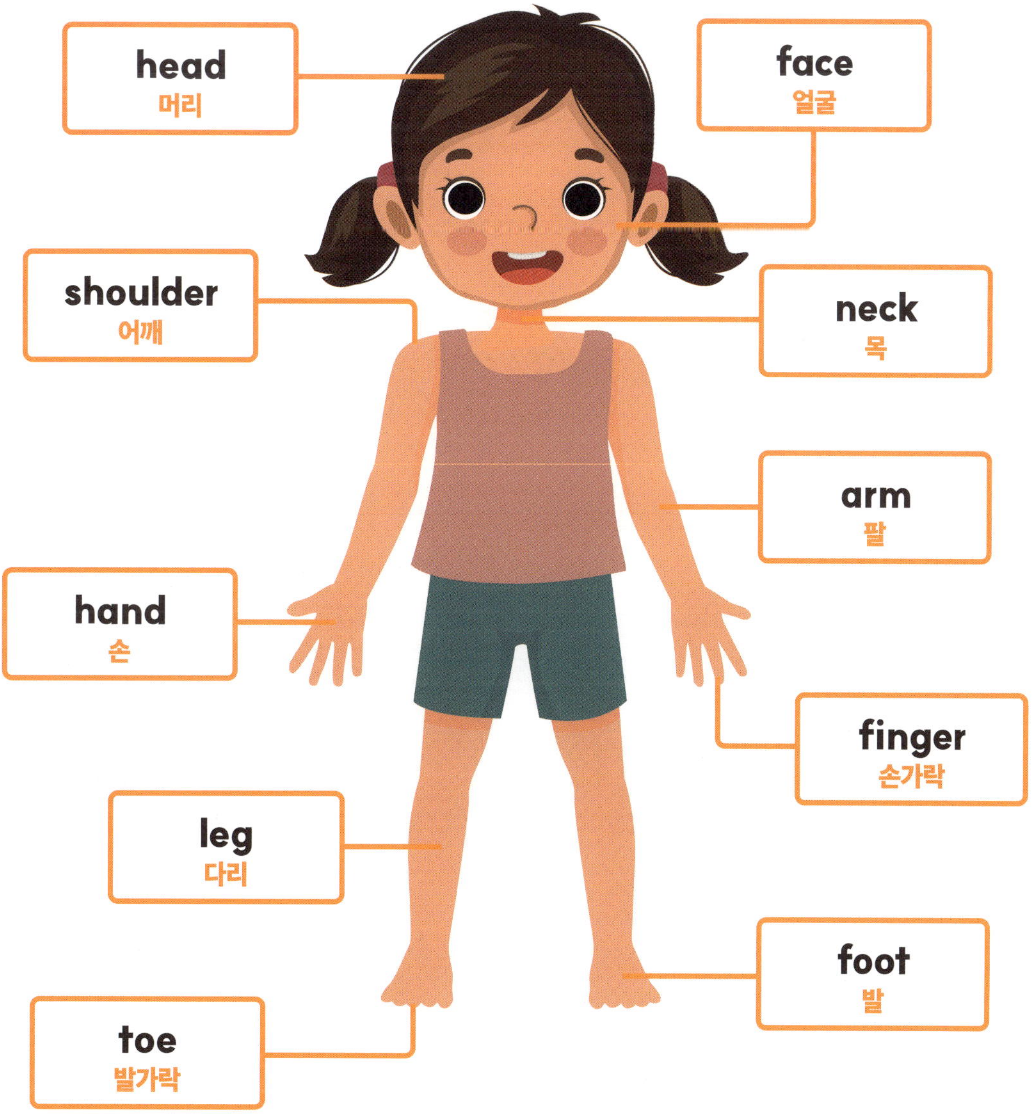

Listen and Choose

B 다음 단어를 잘 듣고, 알맞은 단어에 ○ 하세요.

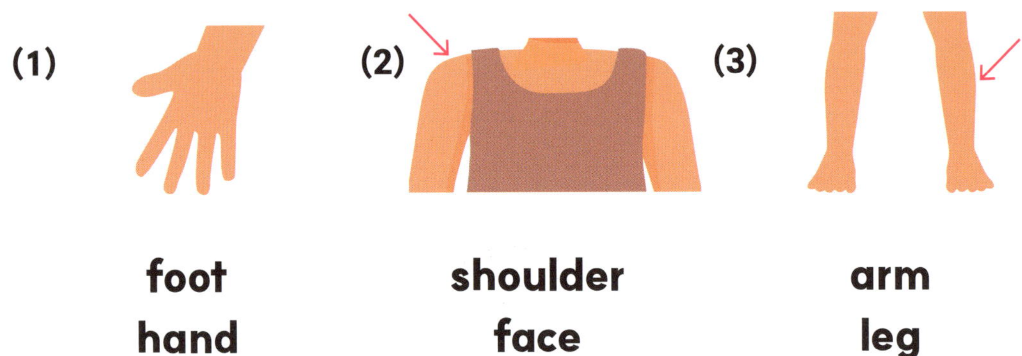

(1)
foot
hand

(2)
shoulder
face

(3)
arm
leg

Read and Match

C 다음 단어와 뜻을 바르게 연결하세요.

(1) **hand** •　　　　　　• 머리

(2) **toe** •　　　　　　• 목

(3) **finger** •　　　　　　• 손가락

(4) **neck** •　　　　　　• 손

(5) **head** •　　　　　　• 발가락

9 이크, 병이 났어요

A 다음 단어를 잘 듣고, 3번 따라 읽어 보세요.

B 다음 단어를 잘 듣고, 알맞은 단어에 ○ 하세요.

(1) 

rash
cold

(2) 

headache
cough

(3) 

stomachache
fever

C 다음 단어와 뜻을 바르게 연결하세요.

(1) **runny nose** •　　　•　치통

(2) **sore throat** •　　　•　목 아픔, 인후통

(3) **chills** •　　　•　콧물

(4) **toothache** •　　　•　몸살, 오한

(5) **fever** •　　　•　열

10 동물원에서 만나요

A 다음 단어를 잘 듣고, 3번 따라 읽어 보세요.

fox
여우

tiger
호랑이

bear
곰

giraffe
기린

deer
사슴

elephant
코끼리

kangaroo
캥거루

lion
사자

monkey
원숭이

zebra
얼룩말

B 다음 단어를 잘 듣고, 알맞은 단어에 ○ 하세요.

(1) 

tiger
elephant

(2) 

fox
kangaroo

(3)

zebra
lion

C 다음 단어와 뜻을 바르게 연결하세요.

(1) **tiger** •　　　　• 사슴

(2) **bear** •　　　　• 곰

(3) **lion** •　　　　• 호랑이

(4) **monkey** •　　　　• 사자

(5) **deer** •　　　　• 원숭이

11 농장에 살아요

A 다음 단어를 잘 듣고, 3번 따라 읽어 보세요.  

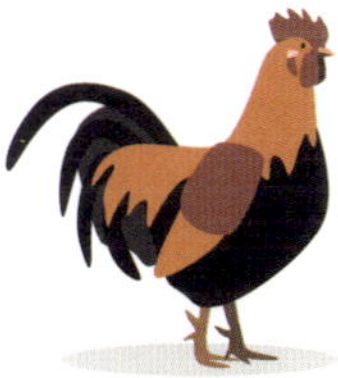

chicken
닭

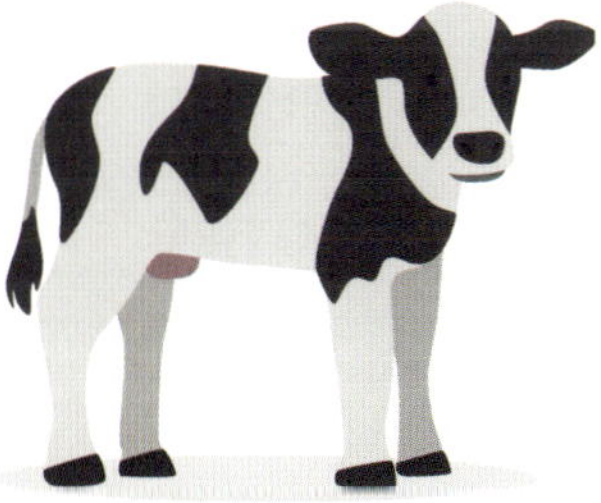

cow
소

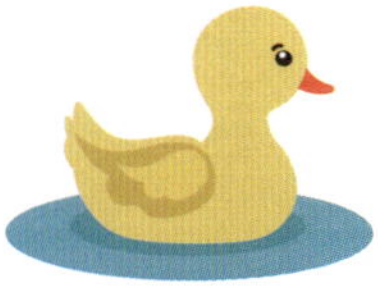

duck
오리

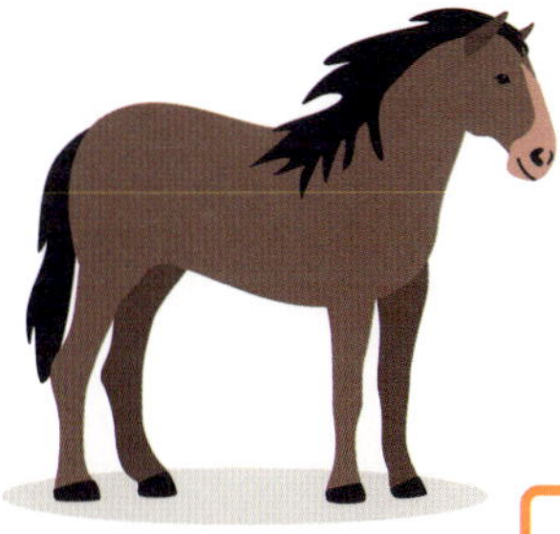

horse
말

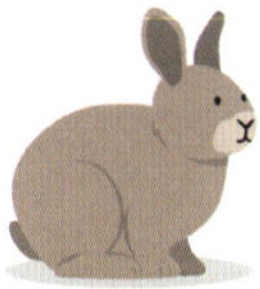

rabbit
토끼

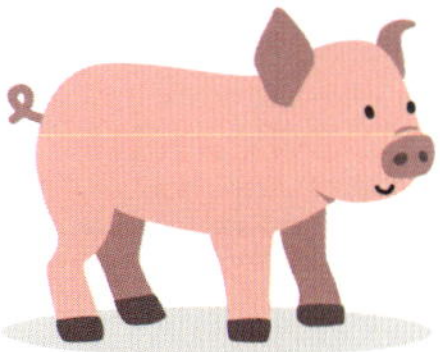

pig
돼지

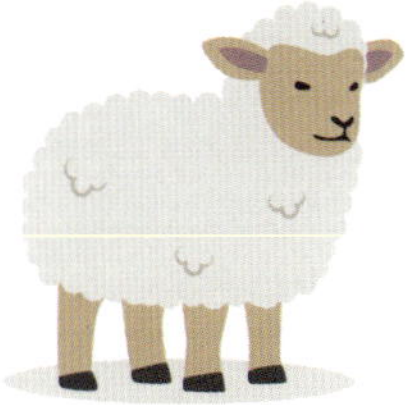

sheep
양

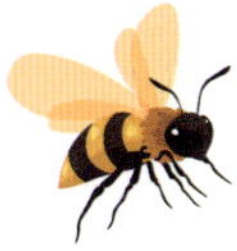

bee
벌

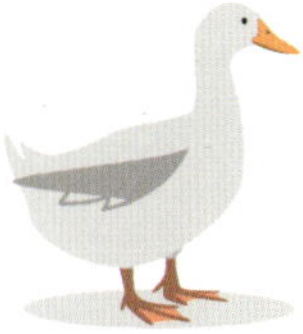

goose
거위

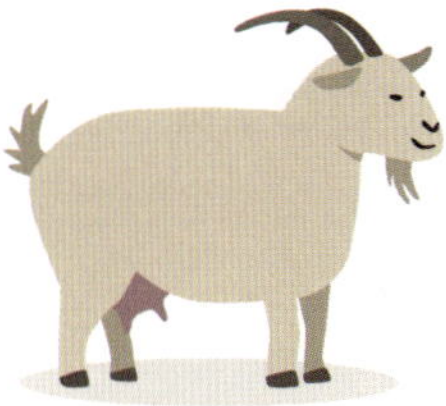

goat
염소

B 다음 단어를 잘 듣고, 알맞은 단어에 ○ 하세요. 

(1) 

pig
bee

(2) 

rabbit
horse

(3) 

chicken
goat

C 다음 단어와 뜻을 바르게 연결하세요.

(1) **duck** •　　　　　　•　토끼

(2) **cow** •　　　　　　•　소

(3) **goose** •　　　　　　•　오리

(4) **sheep** •　　　　　　•　거위

(5) **rabbit** •　　　　　　•　양

12 반려동물이에요

A 다음 단어를 잘 듣고, 3번 따라 읽어 보세요.  

snail
달팽이

fish
물고기

cat
고양이

hamster
햄스터

frog
개구리

turtle
거북

snake
뱀

iguana
이구아나

dog
개

spider
거미

B 다음 단어를 잘 듣고, 알맞은 단어에 ○ 하세요.

(1) 

dog
cat

(2)

frog
turtle

(3)

spider
iguana

C 다음 단어와 뜻을 바르게 연결하세요.

(1) **cat** •   • 뱀

(2) **snail** •   • 달팽이

(3) **snake** •   • 고양이

(4) **fish** •   • 물고기

(5) **hamster** •   • 햄스터

13 교실을 살펴봐요

A 다음 단어를 잘 듣고, 3번 따라 읽어 보세요.

blackboard
칠판

classroom
교실

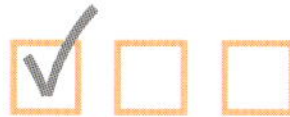

clock
벽시계

computer
컴퓨터

map
지도

book
책

telephone
전화기

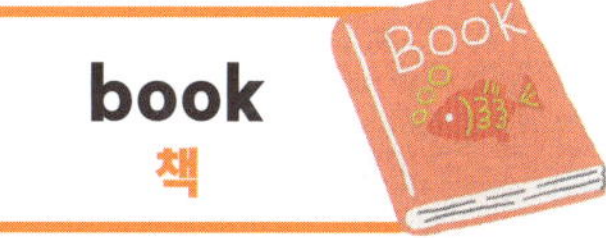

desk
책상

chair
의자

flag
깃발

B 다음 단어를 잘 듣고, 알맞은 단어에 ○ 하세요.

(1)

desk
chair

(2)

flag
map

(3)

clock
book

C 다음 단어와 뜻을 바르게 연결하세요.

(1) **desk**   • • 전화기

(2) **classroom**   • • 컴퓨터

(3) **blackboard**   • • 책상

(4) **computer**   • • 교실

(5) **telephone**   • • 칠판

14 공부할 때 필요해요

A 다음 단어를 잘 듣고, 3번 따라 읽어 보세요.

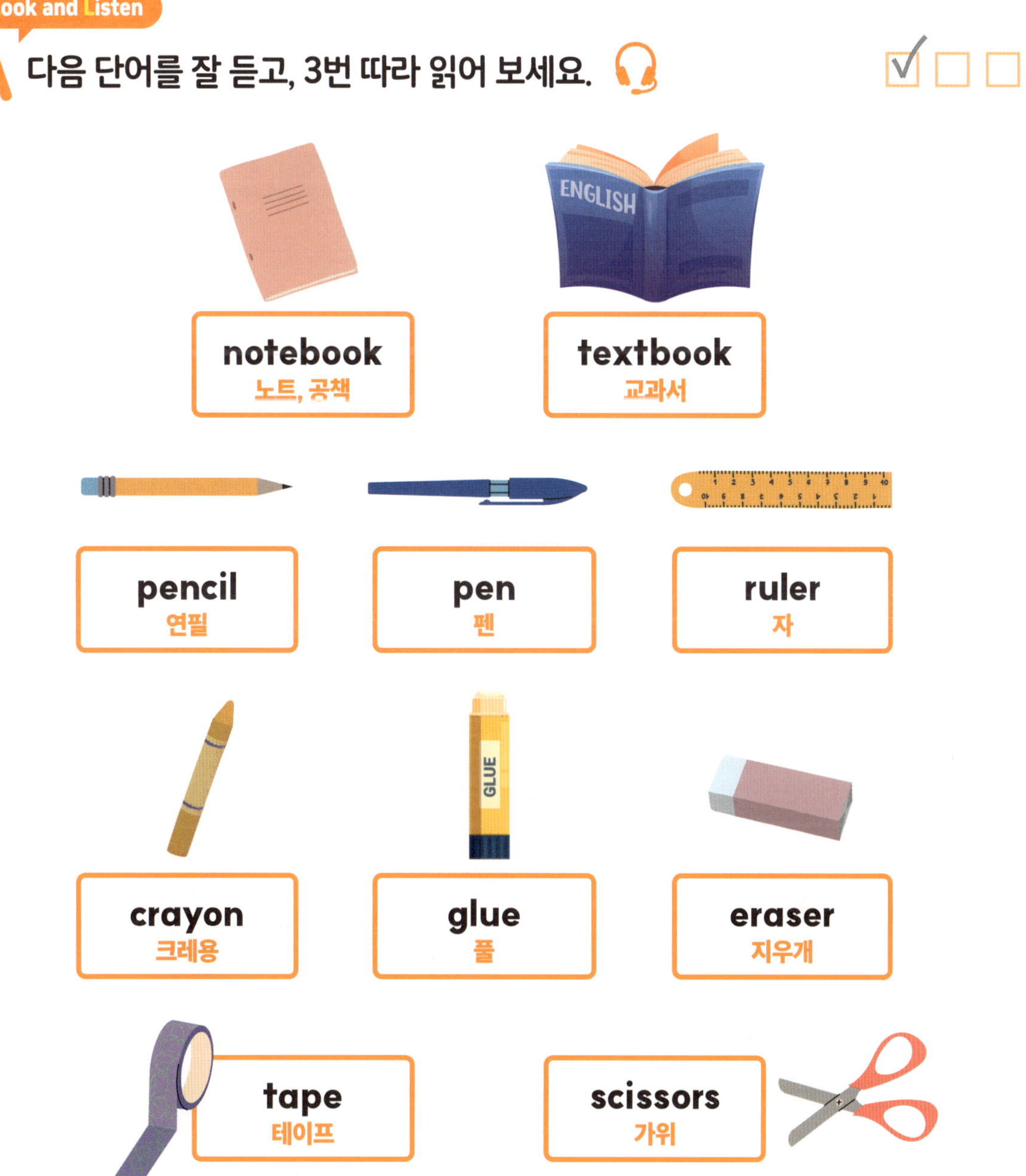

B 다음 단어를 잘 듣고, 알맞은 단어에 ○ 하세요.

(1) 

ruler
eraser

(2) 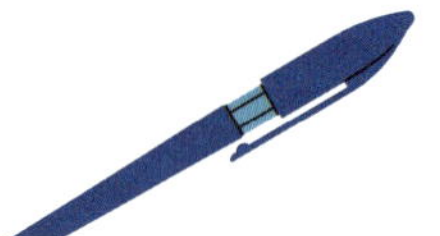

pen
pencil

(3) 

scissors
tape

C 다음 단어와 뜻을 바르게 연결하세요.

(1) **notebook**   •   •   노트, 공책

(2) **ruler**   •   •   연필

(3) **pencil**   •   •   교과서

(4) **textbook**   •   •   풀

(5) **glue**   •   •   자

15 다양한 과목을 배워요

A 다음 단어를 잘 듣고, 3번 따라 읽어 보세요.

Korean
국어

English
영어

Social Studies
사회

Math
수학

Science
과학

P.E.
체육

Music
음악

Art
미술

B 다음 단어를 잘 듣고, 알맞은 단어에 ○ 하세요. 

(1) 

Music
Math

(2) 

Korean
English

(3) 

Science
Art

C 다음 단어와 뜻을 바르게 연결하세요.

(1) **Korean** •　　　• 미술

(2) **Social Studies** •　　　• 국어

(3) **Math** •　　　• 체육

(4) **P.E.** •　　　• 사회

(5) **Art** •　　　• 수학

16 노력하면 할 수 있어요

A 다음 단어를 잘 듣고, 3번 따라 읽어 보세요.  

homework
숙제

quiz
퀴즈

test
시험

problem
문제

grade
성적, 학년

partner
짝, 파트너

team
팀

race
경주

score
점수

goal
득점, 목표

B 다음 단어를 잘 듣고, 알맞은 단어에 ○ 하세요.

(1) score
partner

(2) quiz
team

(3) test
race

C 다음 단어와 뜻을 바르게 연결하세요.

(1) **homework** •   • 성적, 학년

(2) **problem** •   • 문제

(3) **race** •   • 숙제

(4) **grade** •   • 경주

(5) **goal** •   • 득점, 목표

17 나의 취미예요

A 다음 단어를 잘 듣고, 3번 따라 읽어 보세요.  

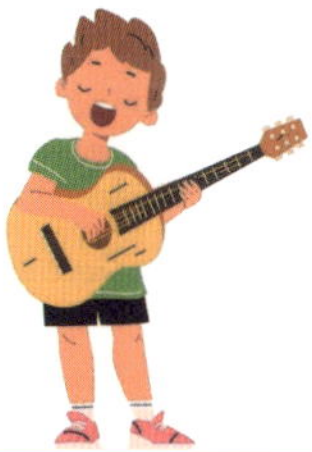

guitar
기타

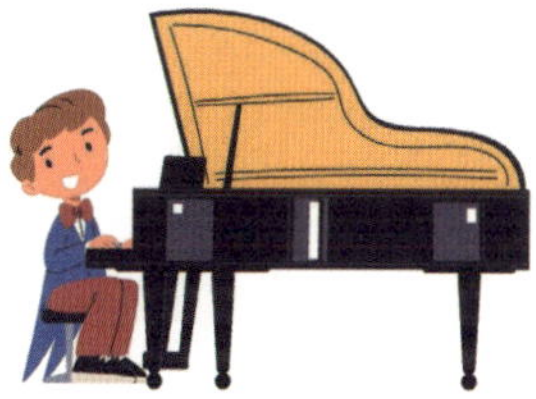

piano
피아노

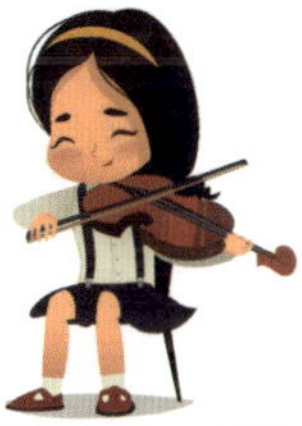

violin
바이올린

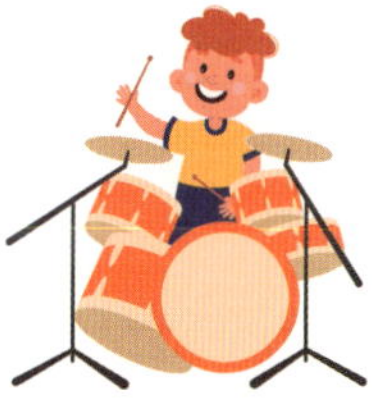

drum
드럼

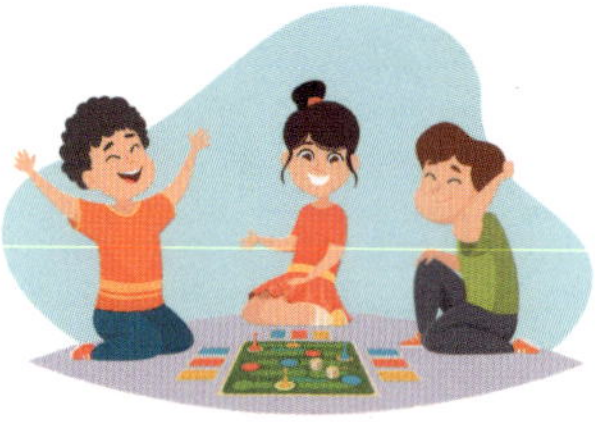

board game
보드게임

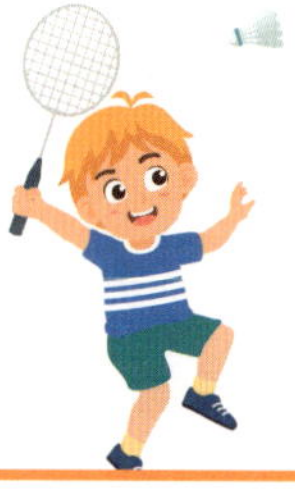

badminton
배드민턴

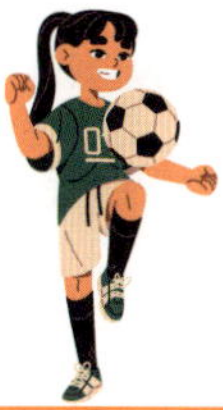

soccer
축구

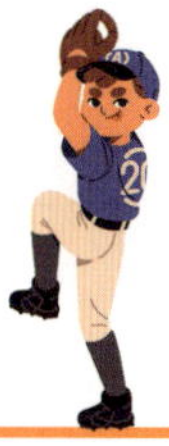

baseball
야구

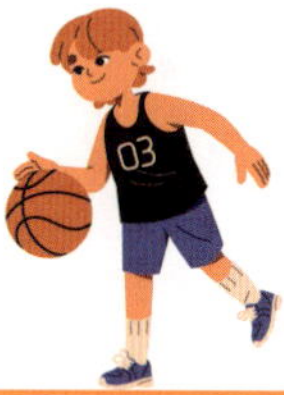

basketball
농구

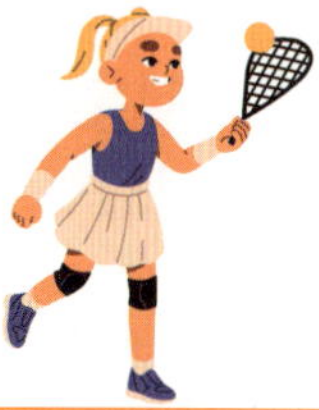

tennis
테니스

Listen and Choose

B 다음 단어를 잘 듣고, 알맞은 단어에 ○ 하세요.

(1) 

piano
guitar

(2) 

board game
drum

(3) 

tennis
soccer

Read and Match

C 다음 단어와 뜻을 바르게 연결하세요.

(1) **violin** •   • 테니스

(2) **guitar** •   • 배드민턴

(3) **baseball** •   • 바이올린

(4) **tennis** •   • 기타

(5) **badminton** •   • 야구

18 이런 사람이 되고 싶어요

A 다음 단어를 잘 듣고, 3번 따라 읽어 보세요.  

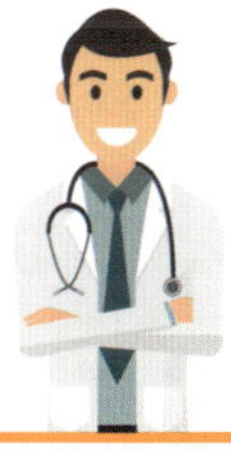

doctor
의사

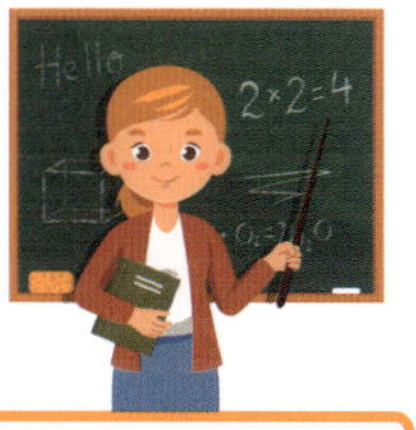

teacher
선생님

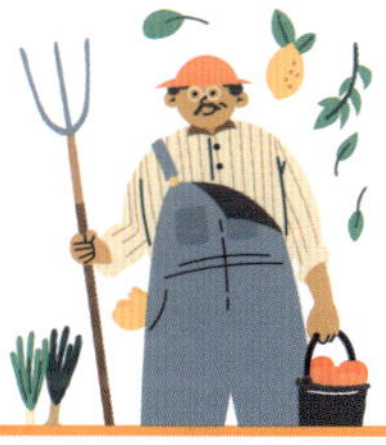

farmer
농부

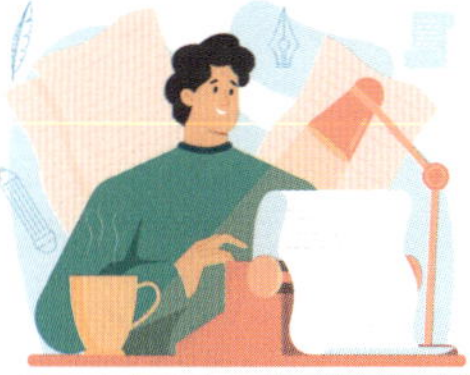

writer
작가

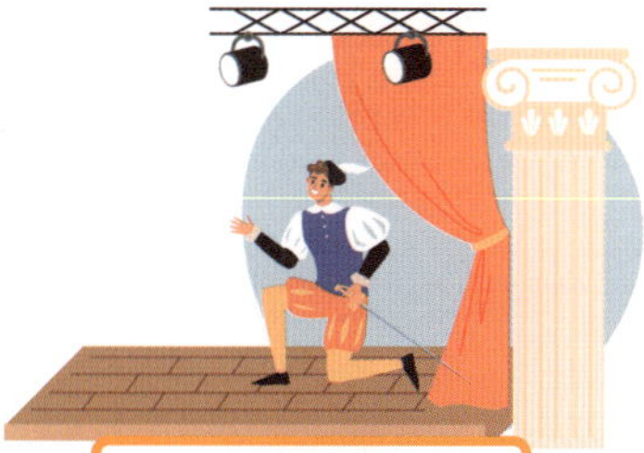

actor
배우

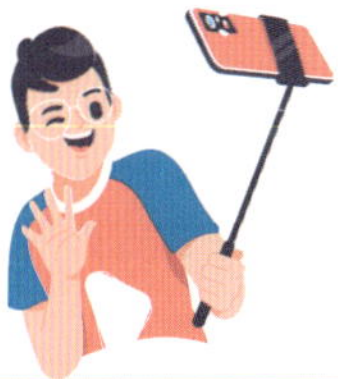

creator
크리에이터

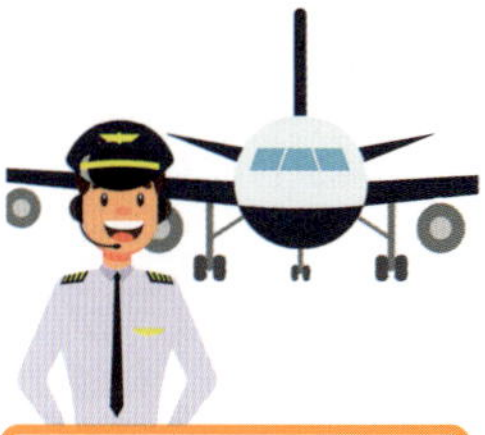

pilot
조종사

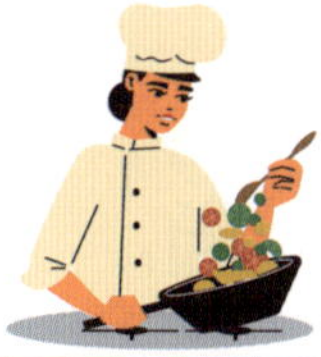

cook
요리사

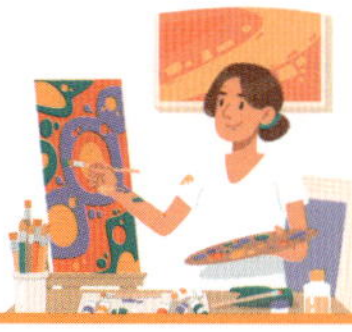

artist
예술가, 화가

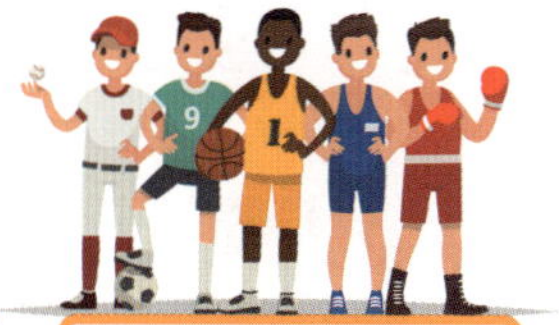

athlete
운동선수

B 다음 단어를 잘 듣고, 알맞은 단어에 ○ 하세요.

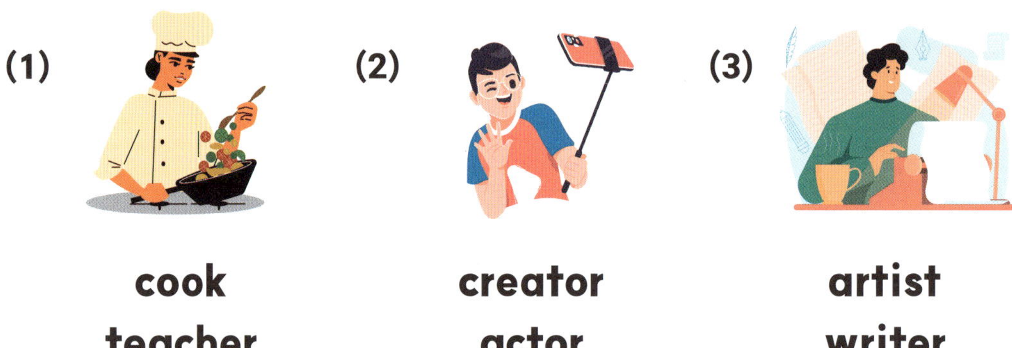

(1) cook
teacher

(2) creator
actor

(3) artist
writer

C 다음 단어와 뜻을 바르게 연결하세요.

(1) **doctor** •   • 배우

(2) **farmer** •   • 농부

(3) **actor** •   • 의사

(4) **pilot** •   • 조종사

(5) **athlete** •   • 운동선수

19 여러 가지 직업이 있어요

A 다음 단어를 잘 듣고, 3번 따라 읽어 보세요.

astronaut
우주 비행사

scientist
과학자

programmer
프로그래머, 개발자

police officer
경찰관

firefighter
소방관

engineer
엔지니어, 기술자

banker
은행원

entertainer
연예인

musician
음악가

fashion model
패션모델

B 다음 단어를 잘 듣고, 알맞은 단어에 ○ 하세요.

(1) 

musician
scientist

(2) 

programmer
entertainer

(3)

banker
astronaut

C 다음 단어와 뜻을 바르게 연결하세요.

(1) **firefighter** • • 은행원

(2) **fashion model** • • 경찰관

(3) **engineer** • • 소방관

(4) **police officer** • • 패션모델

(5) **banker** • • 엔지니어, 기술자

20 교통수단이 다양해요

A 다음 단어를 잘 듣고, 3번 따라 읽어 보세요.  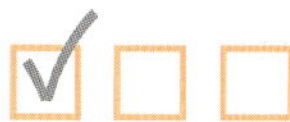

airplane
비행기

car
자동차

train
기차

boat
작은 배

truck
트럭

taxi
택시

bus
버스

ship
배

bike
자전거

subway
지하철

B 다음 단어를 잘 듣고, 알맞은 단어에 ○ 하세요.

(1)

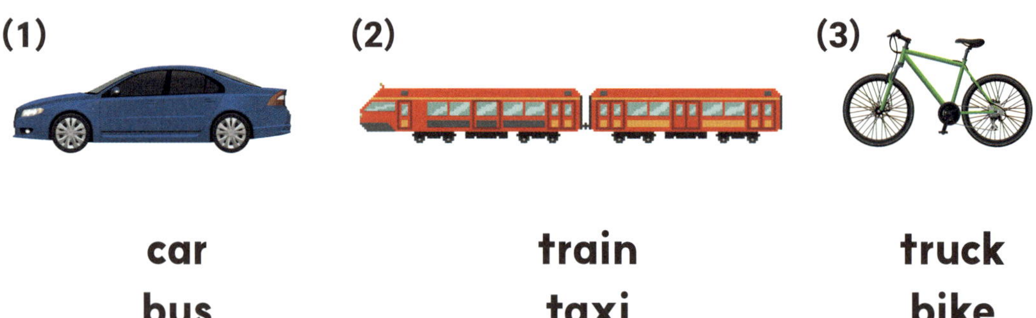

car
bus

(2)

train
taxi

(3)

truck
bike

C 다음 단어와 뜻을 바르게 연결하세요.

(1) **airplane**   •   •   비행기

(2) **bus**   •   •   지하철

(3) **boat**   •   •   배

(4) **subway**   •   •   버스

(5) **ship**   •   •   작은 배

21 우리 동네를 소개해요

A 다음 단어를 잘 듣고, 3번 따라 읽어 보세요.  

bank
은행

hospital
병원

library
도서관

school
학교

bookstore
서점

church
교회

restaurant
식당

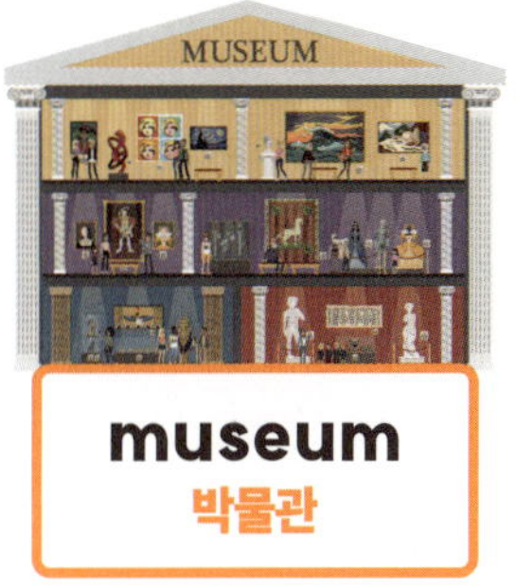

museum
박물관

post office
우체국

police station
경찰서

B 다음 단어를 잘 듣고, 알맞은 단어에 ○ 하세요.

(1) 

bank
hospital

(2) 

library
church

(3) 

museum
police station

C 다음 단어와 뜻을 바르게 연결하세요.

(1) **bank** •　　　• 서점

(2) **bookstore** •　　　• 박물관

(3) **restaurant** •　　　• 우체국

(4) **museum** •　　　• 은행

(5) **post office** •　　　• 식당

22 아름다운 자연을 보아요

A 다음 단어를 잘 듣고, 3번 따라 읽어 보세요.  

sun
해

moon
달

star
별

cloud
구름

rain
비

snow
눈

mountain
산

sea
바다

river
강

lake
호수

B 다음 단어를 잘 듣고, 알맞은 단어에 ○ 하세요. 

(1)

lake
river

(2)

rain
mountain

(3)

star
sun

C 다음 단어와 뜻을 바르게 연결하세요.

(1) **river** •　　　　　　　　• 달

(2) **sea** •　　　　　　　　• 강

(3) **cloud** •　　　　　　　　• 눈

(4) **snow** •　　　　　　　　• 바다

(5) **moon** •　　　　　　　　• 구름

23 계절을 느껴요

A 다음 단어를 잘 듣고, 3번 따라 읽어 보세요. 

season
계절

spring
봄

flower
꽃

summer
여름

heat
열, 더위

fall
가을

autumn
가을

winter
겨울

ice
얼음

leaf
잎

B 다음 단어를 잘 듣고, 알맞은 단어에 ○ 하세요.

(1) 

spring
summer

(2) 

ice
leaf

(3) 

winter
fall

C 다음 단어와 뜻을 바르게 연결하세요.

(1) **season** •   • 잎

(2) **summer** •   • 얼음

(3) **autumn** •   • 계절

(4) **ice** •   • 여름

(5) **leaf** •   • 가을

24 보호하고 아껴요

A 다음 단어를 잘 듣고, 3번 따라 읽어 보세요.  

earth
지구

nature
자연

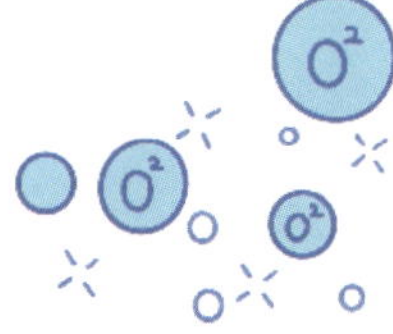

air
공기

energy
에너지

gas
가스, 연료

light
빛

tree
나무

plastic
플라스틱

can
캔

paper
종이

B 다음 단어를 잘 듣고, 알맞은 단어에 ○ 하세요.

(1) 

light
gas

(2)

paper
plastic

(3)

earth
tree

C 다음 단어와 뜻을 바르게 연결하세요.

(1) **tree** • • 플라스틱

(2) **gas** • • 가스, 연료

(3) **plastic** • • 지구

(4) **earth** • • 나무

(5) **air** • • 공기

25) 캠핑을 떠나요

A 다음 단어를 잘 듣고, 3번 따라 읽어 보세요.  

tent
텐트

rope
줄

bag
가방

box
상자

bottle
병

wood
나무

camera
카메라

radio
라디오

fire
불

basket
바구니

B 다음 단어를 잘 듣고, 알맞은 단어에 ○ 하세요.

(1)

bottle
wood

(2)

box
basket

(3)

radio
camera

C 다음 단어와 뜻을 바르게 연결하세요.

(1) **tent** •   • 가방

(2) **rope** •   • 줄

(3) **bottle** •   • 텐트

(4) **fire** •   • 병

(5) **bag** •   • 불

26 세계를 여행할 거예요

A 다음 단어를 잘 듣고, 3번 따라 읽어 보세요.  

Korea
한국

China
중국

Vietnam
베트남

The U.S.A.
미국

France
프랑스

Canada
캐나다

India
인도

Egypt
이집트

Mexico
멕시코

Australia
호주

B 다음 단어를 잘 듣고, 알맞은 단어에 ○ 하세요.

(1) 

France
Canada

(2) 

Korea
Vietnam

(3) 

Mexico
The U.S.A.

C 다음 단어와 뜻을 바르게 연결하세요.

(1) **China** •   • 인도

(2) **Egypt** •   • 이집트

(3) **Korea** •   • 중국

(4) **Australia** •   • 한국

(5) **India** •   • 호주

27 세계 친구를 사귀어요

A 다음 단어를 잘 듣고, 3번 따라 읽어 보세요.

Korean
한국인

Chinese
중국인

Vietnamese
베트남인

American
미국인

French
프랑스인

Canadian
캐나다인

Indian
인도인

Egyptian
이집트인

Mexican
멕시코인

Australian
호주인

B 다음 단어를 잘 듣고, 알맞은 단어에 ○ 하세요.

(1) 

Chinese
Korean

(2) 

Canadian
Australian

(3) 

American
French

C 다음 단어와 뜻을 바르게 연결하세요.

(1) **Mexican**　·　　　·　멕시코인

(2) **Chinese**　·　　　·　인도인

(3) **American**　·　　　·　중국인

(4) **Egyptian**　·　　　·　미국인

(5) **Indian**　·　　　·　이집트인

28 여러 가지 음료예요

A 다음 단어를 잘 듣고, 3번 따라 읽어 보세요.  

water
물

juice
주스

milk
우유

soda
탄산음료

lemonade
레모네이드

hot chocolate
핫 초콜릿

coffee
커피

tea
차

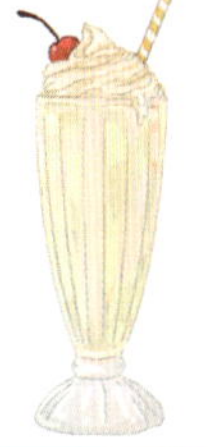

milkshake
밀크셰이크

smoothie
스무디

B 다음 단어를 잘 듣고, 알맞은 단어에 ○ 하세요.

C 다음 단어와 뜻을 바르게 연결하세요.

(1) **juice** •   • 주스

(2) **milkshake** •   • 차

(3) **water** •   • 핫 초콜릿

(4) **tea** •   • 밀크셰이크

(5) **hot chocolate** •   • 물

29 과일이 좋아요

A 다음 단어를 잘 듣고, 3번 따라 읽어 보세요.  

apple
사과

pear
배

peach
복숭아

banana
바나나

orange
오렌지

watermelon
수박

grape
포도

strawberry
딸기

kiwi
키위

mango
망고

B 다음 단어를 잘 듣고, 알맞은 단어에 ○ 하세요.

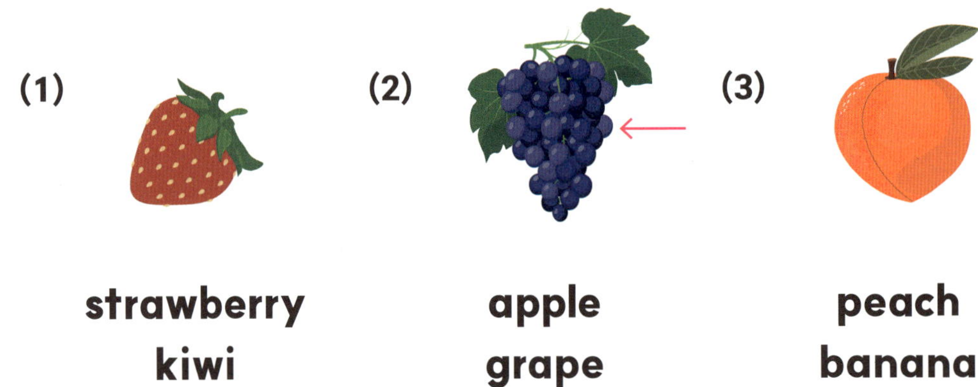

(1) strawberry
kiwi

(2) apple
grape

(3) peach
banana

C 다음 단어와 뜻을 바르게 연결하세요.

(1) **orange** • • 망고

(2) **pear** • • 복숭아

(3) **watermelon** • • 오렌지

(4) **peach** • • 배

(5) **mango** • • 수박

30 채소가 좋아요

A 다음 단어를 잘 듣고, 3번 따라 읽어 보세요.  

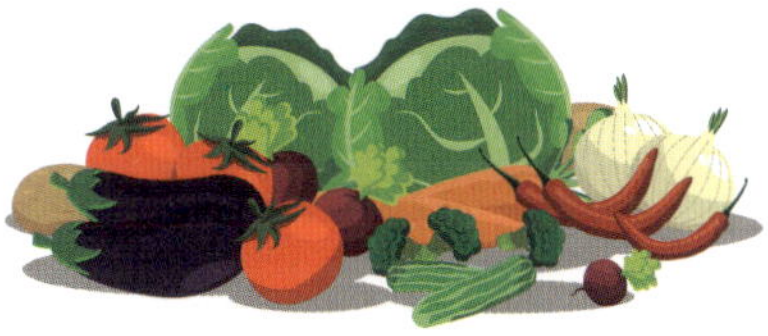

vegetable
채소

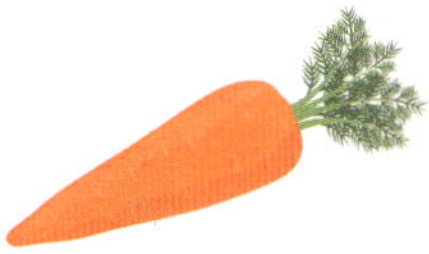

carrot
당근

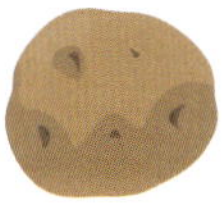

potato
감자

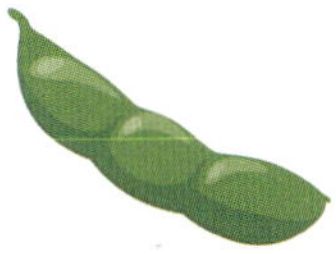

bean
콩

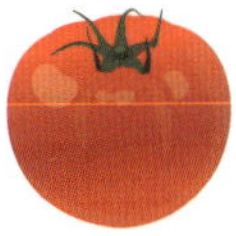

tomato
토마토

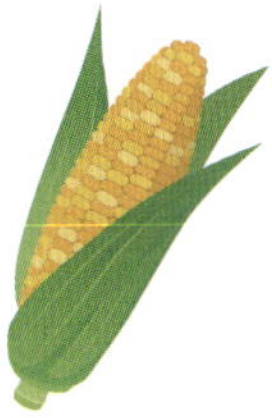

corn
옥수수

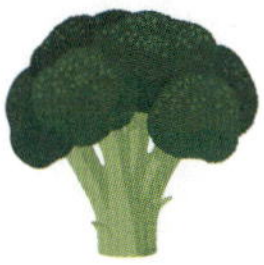

broccoli
브로콜리

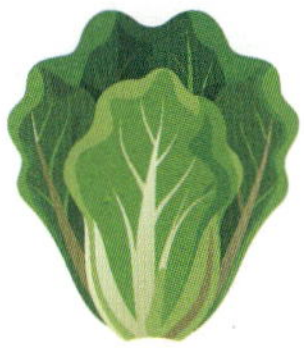

lettuce
상추

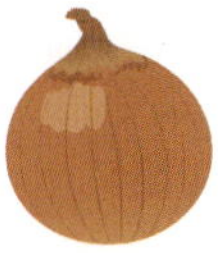

onion
양파

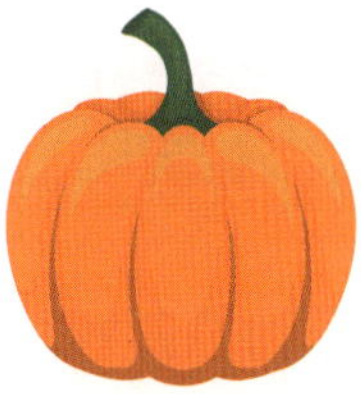

pumpkin
호박

B 다음 단어를 잘 듣고, 알맞은 단어에 ○ 하세요.

(1) 

broccoli
potato

(2) 

corn
pumpkin

(3) 

carrot
onion

C 다음 단어와 뜻을 바르게 연결하세요.

(1) **tomato** •   • 토마토

(2) **onion** •   • 상추

(3) **lettuce** •   • 양파

(4) **pumpkin** •   • 콩

(5) **bean** •   • 호박

31 음식을 주문해요

A 다음 단어를 잘 듣고, 3번 따라 읽어 보세요.  

salad
샐러드

soup
국, 수프

rice noodles
쌀국수

fried rice
볶음밥

beef steak
소고기 스테이크

pork cutlet
돈가스

hamburger
햄버거

sandwich
샌드위치

pizza
피자

spaghetti
스파게티

B 다음 단어를 잘 듣고, 알맞은 단어에 ○ 하세요.

(1) 

pizza
fried rice

(2) 

beef steak
salad

(3) 

sandwich
soup

C 다음 단어와 뜻을 바르게 연결하세요.

(1) **pork cutlet**　　　　•　　　　•　햄버거

(2) **hamburger**　　　　•　　　　•　볶음밥

(3) **spaghetti**　　　　•　　　　•　쌀국수

(4) **fried rice**　　　　•　　　　•　돈가스

(5) **rice noodles**　　　　•　　　　•　스파게티

32 디저트가 좋아요

A 다음 단어를 잘 듣고, 3번 따라 읽어 보세요.

dessert
디저트, 후식

fruit
과일

cake
케이크

pie
파이

bread
빵

ice cream
아이스크림

candy
사탕

yogurt
요거트

cookie
쿠키

jelly
젤리

B 다음 단어를 잘 듣고, 알맞은 단어에 ○ 하세요.

(1) 

cookie
yogurt

(2) 

candy
bread

(3) 

cake
fruit

C 다음 단어와 뜻을 바르게 연결하세요.

(1) **jelly** · · 사탕

(2) **yogurt** · · 요거트

(3) **candy** · · 젤리

(4) **pie** · · 아이스크림

(5) **ice cream** · · 파이

명사

33 음식 재료로 써요

Look and Listen

A 다음 단어를 잘 듣고, 3번 따라 읽어 보세요.

☑ ☐ ☐

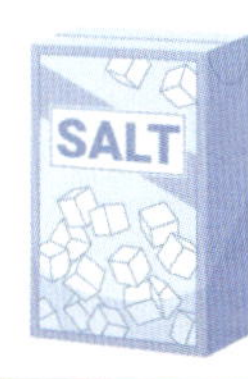

salt
소금

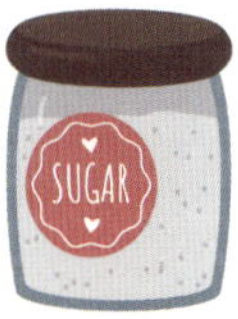

sugar
설탕

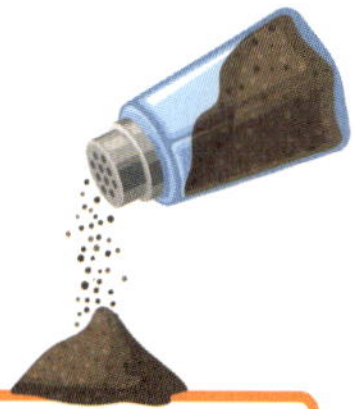

pepper
후추

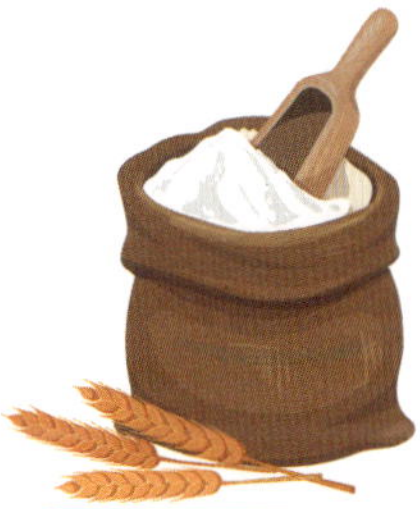

flour
밀가루

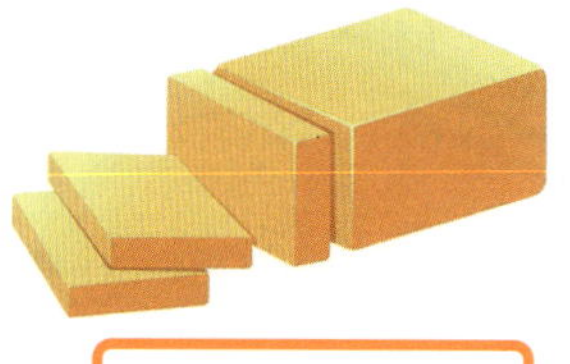

butter
버터

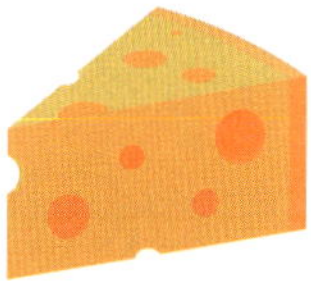

cheese
치즈

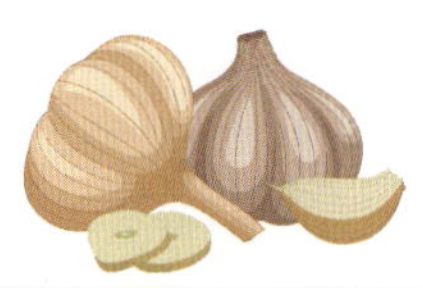

garlic
마늘

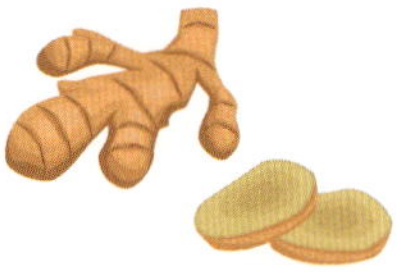

ginger
생강

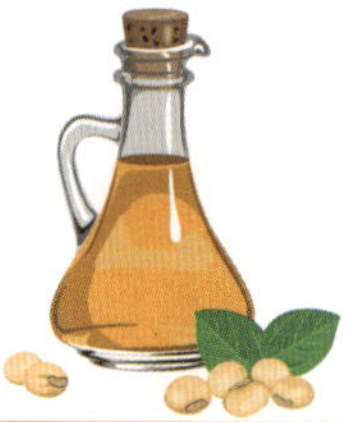

oil
기름

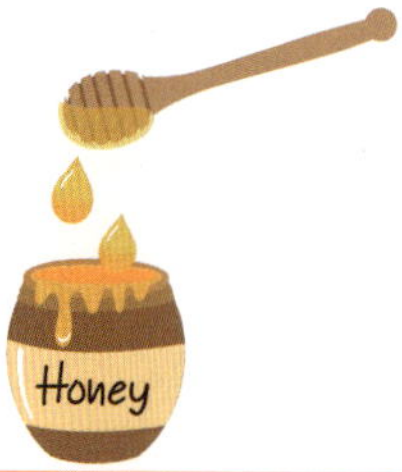

honey
꿀

B 다음 단어를 잘 듣고, 알맞은 단어에 ○ 하세요.

(1)

sugar
salt

(2)

garlic
honey

(3)

cheese
oil

C 다음 단어와 뜻을 바르게 연결하세요.

(1) **butter** ·   · 소금

(2) **pepper** ·   · 버터

(3) **sugar** ·   · 후추

(4) **salt** ·   · 설탕

(5) **flour** ·   · 밀가루

34 동화책에 나와요

A 다음 단어를 잘 듣고, 3번 따라 읽어 보세요.  

king
왕

queen
여왕

prince
왕자

princess
공주

hero
영웅

hunter
사냥꾼

monster
괴물

witch
마녀

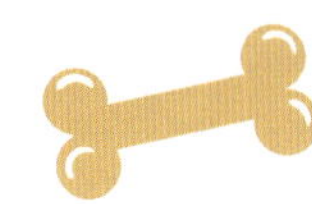

bone
뼈

gold
금

B 다음 단어를 잘 듣고, 알맞은 단어에 ○ 하세요.

(1) 

gold
witch

(2) 

hunter
queen

(3) 

king
bone

C 다음 단어와 뜻을 바르게 연결하세요.

(1) **princess** •　　　• 공주

(2) **queen** •　　　• 영웅

(3) **prince** •　　　• 왕자

(4) **monster** •　　　• 괴물

(5) **hero** •　　　• 여왕

35 특별한 날이에요

A 다음 단어를 잘 듣고, 3번 따라 읽어 보세요.  

holiday
휴일, 명절

birthday
생일

Christmas
크리스마스

New Year's Day
1월 1일, 새해 첫날

party
파티

card
카드

present
선물

food
음식

balloon
풍선

ribbon
리본

B 다음 단어를 잘 듣고, 알맞은 단어에 ○ 하세요. 

(1) 

ribbon
present

(2) 

balloon
card

(3) 

holiday
birthday

C 다음 단어와 뜻을 바르게 연결하세요.

(1) **birthday** •   • 휴일, 명절

(2) **food** •   • 카드

(3) **ribbon** •   • 리본

(4) **card** •   • 음식

(5) **holiday** •   • 생일

Chapter

2

동사

동사? 그게 뭐야?

동사는 문장이라는 기차를 끌고 가는 로봇이에요.

명사의 움직임, 행동, 상태 등을 표현한다는 뜻입니다.

그래서 왜(why) 또는 어떻게(how)라는 물음에 답하려면

동사가 끄는 기차를 잘 봐야 해요.

특별한 점은 동사가 '활발한 로봇'이라 변신하는 것이에요.

먼저, 예전인지 지금인지에 따라 모양을 바꾼답니다.

I **play** now. 나는 지금 **놀아요**.

I **played** yesterday. 나는 어제 **놀았어요**.

또 종류가 많아 어떤 동사 로봇은 목적어를 꼭 잡기도 해요.

나는 과일을 **먹어요**.
목적어

자, 그럼 이제 동사 단어를 배워 볼까요?

1) 몸으로 알 수 있어요

A 다음 단어를 잘 듣고, 3번 따라 읽어 보세요.  

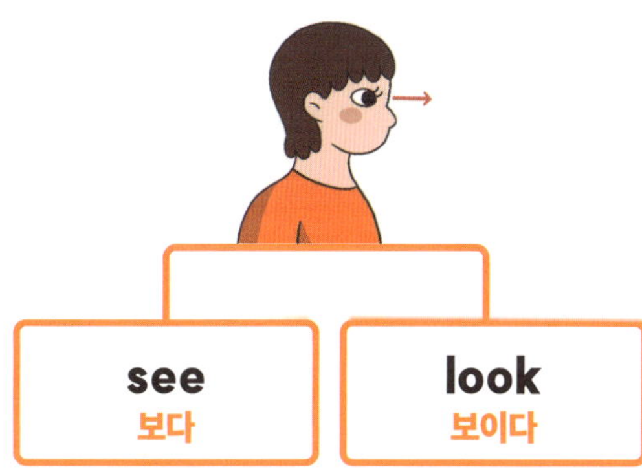

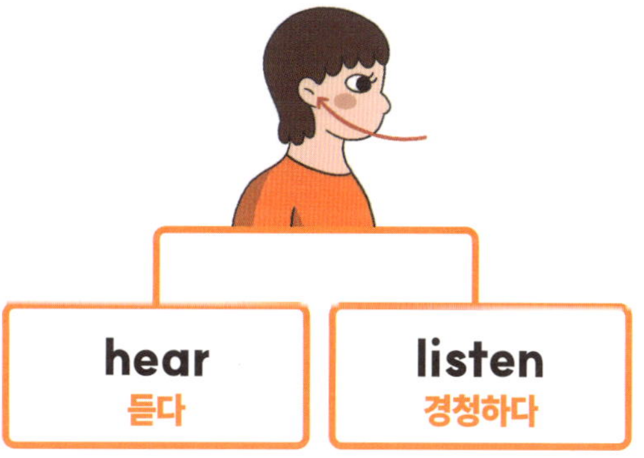

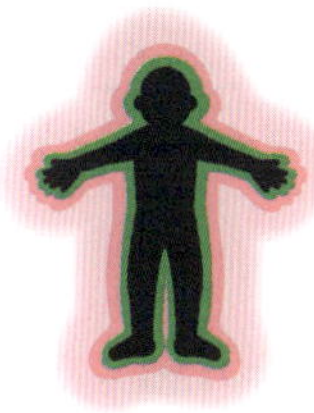

B 다음 단어를 잘 듣고, 알맞은 단어에 ○ 하세요.

(1) 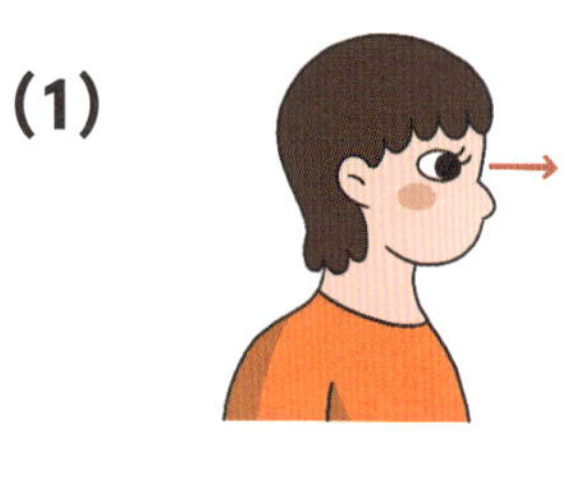

see
smell

(2) 

taste
hear

(3) 

touch
look

C 다음 단어와 뜻을 바르게 연결하세요.

(1) **feel**   •   •   보이다

(2) **listen**   •   •   냄새 맡다

(3) **look**   •   •   느끼다

(4) **touch**   •   •   ~을 만지다

(5) **smell**   •   •   경청하다

2 마음을 표현해요

A 다음 단어를 잘 듣고, 3번 따라 읽어 보세요.

love
~을 사랑하다

wish
~을 바라다

like
~을 좋아하다

hope
~을 바라다

want
~을 원하다

miss
~을 그리워하다

need
~을 필요로 하다

hate
~을 싫어하다

worry
걱정하다

cry
울다

B 다음 단어를 잘 듣고, 알맞은 단어에 ○ 하세요.

(1) 

love
cry

(2) 

like
need

(3) 

miss
hate

C 다음 단어와 뜻을 바르게 연결하세요.

(1) **like**   •   • 울다

(2) **hope**   •   • ~을 좋아하다

(3) **worry**   •   • ~을 바라다

(4) **hate**   •   • ~을 싫어하다

(5) **cry**   •   • 걱정하다

3 머릿속 활동이에요

A 다음 단어를 잘 듣고, 3번 따라 읽어 보세요.

think
~을 생각하다

decide
~을 결정하다

know
~을 알다

guess
~을 추측하다

understand
~을 이해하다

imagine
~을 상상하다

remember
~을 기억하다

forget
~을 잊다

Listen and Choose

B 다음 단어를 잘 듣고, 알맞은 단어에 ○ 하세요.

(1) 

forget
think

(2) 

know
decide

(3) 

forget
imagine

Read and Match

C 다음 단어와 뜻을 바르게 연결하세요.

(1) **know** · · ~을 상상하다

(2) **guess** · · ~을 이해하다

(3) **understand** · · ~을 알다

(4) **remember** · · ~을 추측하다

(5) **imagine** · · ~을 기억하다

4 생각을 말로 표현해요

Look and Listen

A 다음 단어를 잘 듣고, 3번 따라 읽어 보세요.  

speak
~을 말하다

talk
말하다

tell
~에게 말하다

say
말하다

ask
~을 묻다

answer
~을 대답하다

lie
거짓말하다

advise
~에게 조언하다

call
~에게 전화하다

announce
~을 발표하다

B 다음 단어를 잘 듣고, 알맞은 단어에 ○ 하세요.

(1) 

lie
answer

(2) 

tell
advise

(3) 

talk
call

C 다음 단어와 뜻을 바르게 연결하세요.

(1) **announce** •   • 말하다

(2) **ask** •   • ~에게 전화하다

(3) **call** •   • ~을 발표하다

(4) **answer** •   • ~을 묻다

(5) **talk** •   • ~을 대답하다

5 | 몸을 움직여요

A 다음 단어를 잘 듣고, 3번 따라 읽어 보세요. 

push
~을 밀다

pull
~을 당기다

open
~을 열다

close
~을 닫다

move
~을 움직이다

stop
~을 멈추다

hold
~을 잡고 있다

drop
~을 떨어뜨리다

sit
앉다

stand
서다

B 다음 단어를 잘 듣고, 알맞은 단어에 ○ 하세요.

(1)
open
close

(2)
sit
stand

(3)
push
pull

C 다음 단어와 뜻을 바르게 연결하세요.

(1) **move** •　　　　　• ~을 떨어뜨리다

(2) **drop** •　　　　　• ~을 움직이다

(3) **hold** •　　　　　• ~을 밀다

(4) **stop** •　　　　　• ~을 멈추다

(5) **push** •　　　　　• ~을 잡고 있다

6 | 하루를 보내요

A 다음 단어를 잘 듣고, 3번 따라 읽어 보세요.  

B 다음 단어를 잘 듣고, 알맞은 단어에 ○ 하세요.

(1) 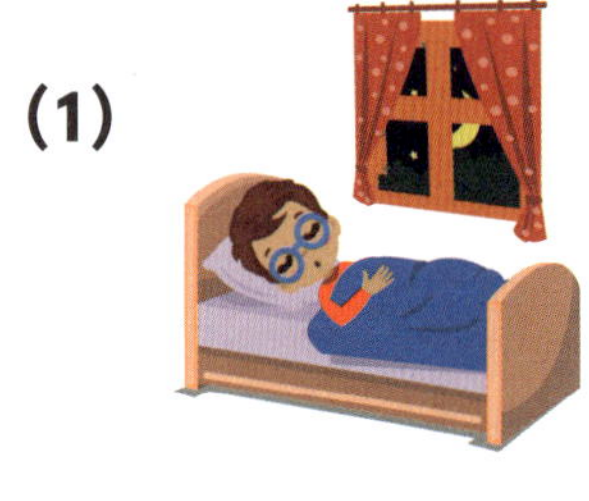
wake up
sleep

(2) 
brush
eat

(3) 
wear
exercise

C 다음 단어와 뜻을 바르게 연결하세요.

(1) **wash** •   • ~을 씻다

(2) **study** •   • 쉬다

(3) **clean up** •   • 자다

(4) **rest** •   • ~을 공부하다

(5) **sleep** •   • 청소하다

7 요리를 해요

A 다음 단어를 잘 듣고, 3번 따라 읽어 보세요.  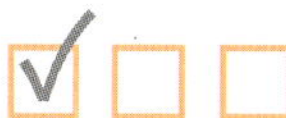

B 다음 단어를 잘 듣고, 알맞은 단어에 ○ 하세요.

(1) 

peel
chop

(2) 

boil
bake

(3)

mix
pour

C 다음 단어와 뜻을 바르게 연결하세요.

(1) **cut** •	• ~을 붓다
(2) **add** •	• ~을 튀기다
(3) **bake** •	• ~을 자르다
(4) **fry** •	• ~을 더하다
(5) **pour** •	• ~을 굽다

8 청소를 해요

A 다음 단어를 잘 듣고, 3번 따라 읽어 보세요.  

dust
먼지를 털다

hang
~을 걸다

mop
~을 대걸레로 닦다

sweep
~을 쓸다

pick
~을 집다

carry
~을 옮기다

clear
~을 치우다

wipe
~을 닦다

B 다음 단어를 잘 듣고, 알맞은 단어에 ○ 하세요.

(1) 

hang
wipe

(2) 

sweep
carry

(3) 

dust
mop

C 다음 단어와 뜻을 바르게 연결하세요.

(1) **hang** •   • ~을 치우다

(2) **pick** •   • ~을 쓸다

(3) **mop** •   • ~을 대걸레로 닦다

(4) **sweep** •   • ~을 걸다

(5) **clear** •   • ~을 집다

9 즐겁게 함께 해 봐요

Look and Listen

A 다음 단어를 잘 듣고, 3번 따라 읽어 보세요.  

sing
노래하다

play
놀다

dance
춤추다

draw
그리다

cook
요리하다

travel
여행하다

enjoy
~을 즐기다

watch
~을 시청하다

build
~을 짓다

collect
~을 모으다

B 다음 단어를 잘 듣고, 알맞은 단어에 ○ 하세요.

(1) play
draw

(2) dance
sing

(3) build
cook

C 다음 단어와 뜻을 바르게 연결하세요.

(1) **enjoy** •   • 여행하다

(2) **watch** •   • 놀다

(3) **travel** •   • ~을 즐기다

(4) **play** •   • ~을 시청하다

(5) **collect** •   • ~을 모으다

10 학교에서 배워요

A 다음 단어를 잘 듣고, 3번 따라 읽어 보세요.  

teach
~을 가르치다

learn
~을 배우다

raise
~을 올리다

spell
~을 철자에 맞게 쓰다

discuss
~을 토의하다

borrow
~을 빌리다

read
~을 읽다

explain
~을 설명하다

write
~을 쓰다

focus
집중하다

B 다음 단어를 잘 듣고, 알맞은 단어에 ○ 하세요.

(1)
teach
spell

(2)
read
explain

(3)
discuss
write

C 다음 주어진 단어와 뜻을 바르게 연결하세요.

(1) **focus** •   • ~을 빌리다

(2) **learn** •   • ~을 설명하다

(3) **spell** •   • ~을 철자에 맞게 쓰다

(4) **explain** •   • ~을 배우다

(5) **borrow** •   • 집중하다

11 씩씩하게 운동해요

A 다음 단어를 잘 듣고, 3번 따라 읽어 보세요.

walk
걷다

run
달리다

jump
높이 뛰다

climb
오르다

swim
수영하다

skate
스케이트를 타다

kick
~을 차다

catch
~을 잡다

throw
~을 던지다

hit
~을 치다

B 다음 단어를 잘 듣고, 알맞은 단어에 ○ 하세요.

(1) kick
hit

(2) jump
climb

(3) swim
skate

C 다음 단어와 뜻을 바르게 연결하세요.

(1) **run** •   • 달리다

(2) **jump** •   • ~을 잡다

(3) **throw** •   • ~을 던지다

(4) **catch** •   • 걷다

(5) **walk** •   • 높이 뛰다

12 사이좋게 지내요

A 다음 단어를 잘 듣고, 3번 따라 읽어 보세요.

agree
~에 동의하다

believe
~을 믿다

help
~을 돕다

thank
~에게 감사하다

visit
~을 방문하다

meet
~을 만나다

welcome
~을 환영하다

introduce
~을 소개하다

share
~을 나누다

marry
~와 결혼하다

Listen and Choose

B 다음 단어를 잘 듣고, 알맞은 단어에 ○ 하세요.

(1) introduce
help

(2) visit
marry

(3) share
believe

Read and Match

C 다음 단어와 뜻을 바르게 연결하세요.

(1) agree •　　　• ~을 환영하다

(2) thank •　　　• ~을 소개하다

(3) marry •　　　• ~와 결혼하다

(4) welcome •　　　• ~에게 감사하다

(5) introduce •　　　• ~에 동의하다

13 길을 찾아가요

A 다음 단어를 잘 듣고, 3번 따라 읽어 보세요.  

leave
떠나다

turn
돌다

cross
건너다

pass
지나가다

arrive
도착하다

return
돌아오다

ride
~을 타다

drive
~을 운전하다

follow
~을 따라가다

find
~을 찾다

B 다음 단어를 잘 듣고, 알맞은 단어에 ○ 하세요.

(1) cross
arrive

(2) follow
turn

(3) drive
find

C 다음 단어와 뜻을 바르게 연결하세요.

(1) **pass** •　　　　　•　돌아오다

(2) **ride** •　　　　　•　~을 찾다

(3) **leave** •　　　　　•　지나가다

(4) **find** •　　　　　•　~을 타다

(5) **return** •　　　　　•　떠나다

14 물건을 사요

A 다음 단어를 잘 듣고, 3번 따라 읽어 보세요. 

sell
~을 팔다

choose
~을 선택하다

try on
~을 입어 보다

check
~을 확인하다

pack
~을 포장하다

order
~을 주문하다

pay
~을 지불하다

buy
~을 사다

B 다음 단어를 잘 듣고, 알맞은 단어에 ○ 하세요.

C 다음 단어와 뜻을 바르게 연결하세요.

(1) **try on** •   • ~을 확인하다

(2) **check** •   • ~을 지불하다

(3) **pack** •   • ~을 입어 보다

(4) **pay** •   • ~을 사다

(5) **buy** •   • ~을 포장하다

15 일상에서 하는 행동이에요

A 다음 단어를 잘 듣고, 3번 따라 읽어 보세요.  

bring
~을 가져오다

fix
~을 고치다

wait
~을 기다리다

join
~에 참여하다

start
~을 시작하다

finish
~을 끝내다

use
~을 사용하다

change
~을 바꾸다

show
~을 보여 주다

work
일하다, 공부하다

B 다음 단어를 잘 듣고, 알맞은 단어에 ○ 하세요.

(1) 

finish
fix

(2) 

change
use

(3) 

work
show

C 다음 단어와 뜻을 바르게 연결하세요.

(1) **bring** •　　　　　　• ~을 끝내다

(2) **wait** •　　　　　　• ~에 참여하다

(3) **join** •　　　　　　• ~을 시작하다

(4) **start** •　　　　　　• ~을 기다리다

(5) **finish** •　　　　　　• ~을 가져오다

16 이렇게 하지 마세요

A 다음 단어를 잘 듣고, 3번 따라 읽어 보세요.

B 다음 단어를 잘 듣고, 알맞은 단어에 ○ 하세요.

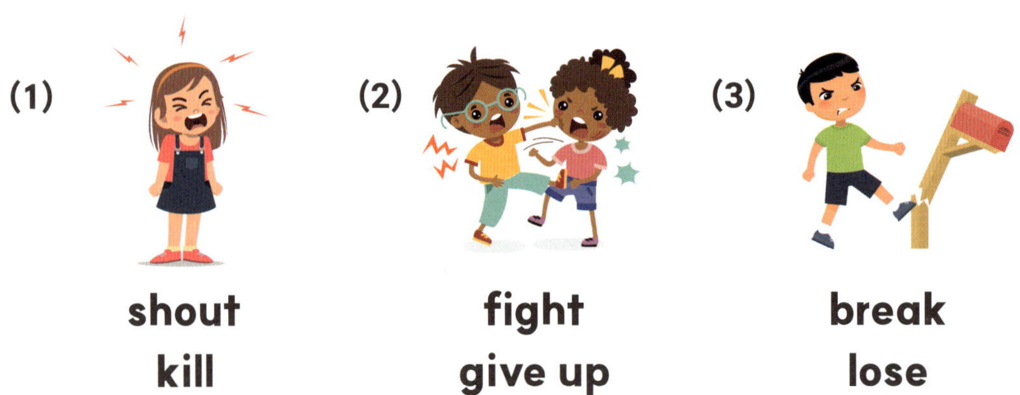

C 다음 단어와 뜻을 바르게 연결하세요.

(1) **give up** •   • ~을 죽이다

(2) **quit** •   • ~을 부수다

(3) **break** •   • 포기하다

(4) **fail** •   • 그만두다

(5) **kill** •   • 실패하다

형용사

형용사? 그게 뭐야?

형용사는 명사와 가장 절친한 단어들입니다.

사람, 동물, 식물 같은 생명체와 **물건, 경치, 건물** 같은 사물을 가리키는 말이 명사예요.

형용사는 그 명사가 어떠한지 우리에게 정보를 주는 역할을 해요.

명사와 나란히 붙어 있기도 하고, be동사(am, are, is, was, were)와 결합해 명사를 설명해 주기도 합니다.

He is a **kind** person.　그는 **친절한** 사람이다.

The person is **kind**.　그 사람은 **친절하다**.

자, 그럼 이제 형용사 단어를 배워 볼까요?

1 기분에 관해 말해요

A 다음 단어를 잘 듣고, 3번 따라 읽어 보세요.

happy
행복한

excited
흥분한

proud
자랑스러운

sad
슬픈

afraid
두려운

tired
피곤한

angry
화난

bored
지루한

upset
속상한

lonely
외로운

B 다음 단어를 잘 듣고, 알맞은 단어에 ○ 하세요. 

(1)
angry
afraid

(2)
proud
bored

(3)
lonely
excited

C 다음 단어와 뜻을 바르게 연결하세요.

(1) **happy** •　　　　• 행복한

(2) **angry** •　　　　• 흥분한

(3) **excited** •　　　　• 슬픈

(4) **sad** •　　　　• 피곤한

(5) **tired** •　　　　• 화난

2 성격이나 행동에 관해 말해요

A 다음 단어를 잘 듣고, 3번 따라 읽어 보세요.

honest
정직한

kind
친절한

shy
수줍은

brave
용감한

smart
똑똑한

strong
강한

lazy
게으른

busy
바쁜

polite
예의 바른

active
활동적인

B 다음 단어를 잘 듣고, 알맞은 단어에 ○ 하세요.

(1)
lazy
kind

(2)
brave
polite

(3)
honest
active

C 다음 단어와 뜻을 바르게 연결하세요.

(1) **kind** •   • 똑똑한

(2) **shy** •   • 수줍은

(3) **strong** •   • 친절한

(4) **busy** •   • 강한

(5) **smart** •   • 바쁜

3 긍정적 표현이에요

A 다음 단어를 잘 듣고, 3번 따라 읽어 보세요.  

great
훌륭한

good
좋은

nice
멋진

fine
괜찮은, 건강한

okay
괜찮은

safe
안전한

easy
쉬운

perfect
완벽한

favorite
좋아하는

healthy
건강한

B 다음 단어를 잘 듣고, 알맞은 단어에 ○ 하세요. 

(1) good

good
great

(2) safe

fine
safe

(3) easy

easy
healthy

C 다음 단어와 뜻을 바르게 연결하세요.

(1) **great** •   • 훌륭한

(2) **perfect** •   • 쉬운

(3) **safe** •   • 안전한

(4) **favorite** •   • 완벽한

(5) **easy** •   • 좋아하는

4 부정적 표현이에요

A 다음 단어를 잘 듣고, 3번 따라 읽어 보세요.

bad
나쁜

sick
아픈

dangerous
위험한

nervous
불안한

difficult
어려운

scary
무서운

terrible
끔찍한

crowded
붐비는

weak
약한

messy
지저분한

B 다음 단어를 잘 듣고, 알맞은 단어에 ○ 하세요.

(1) dark
sick

(2) messy
dangerous

(3) scary
crowded

C 다음 단어와 뜻을 바르게 연결하세요.

(1) bad • • 어려운

(2) nervous • • 나쁜

(3) difficult • • 불안한

(4) terrible • • 끔찍한

(5) weak • • 약한

형용사

5 맛에 관해 말해요

Look and Listen

A 다음 단어를 잘 듣고, 3번 따라 읽어 보세요.

☑ ☐ ☐

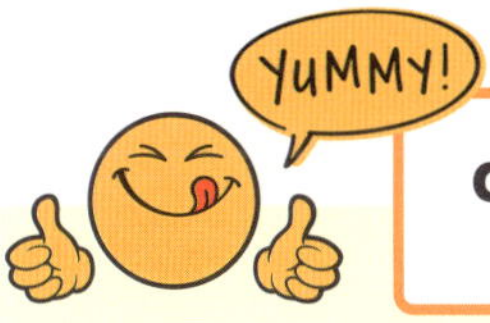

delicious
맛있는

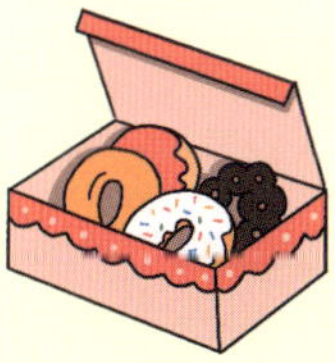

sweet
달콤한

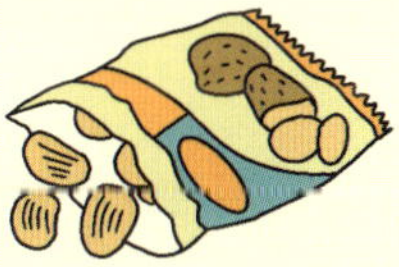

salty
짠

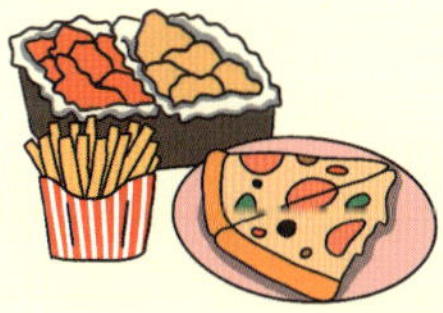

oily
기름기가 많은

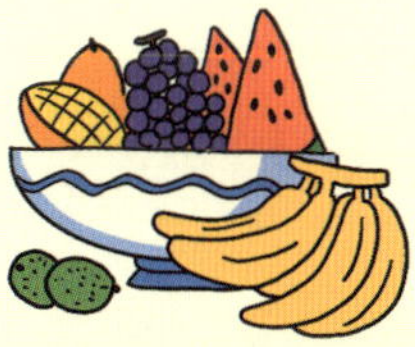

juicy
즙이 많은

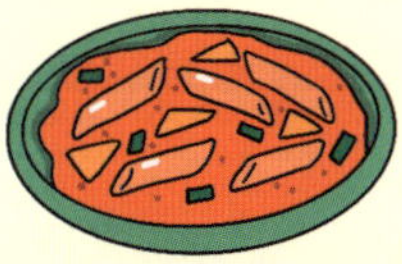

spicy
매운

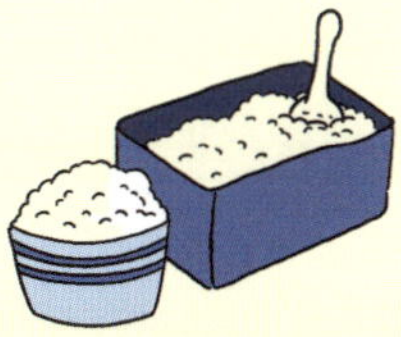

bland
싱거운

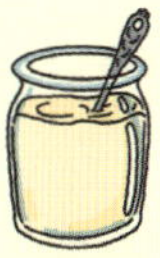

plain
기본의, 평범한

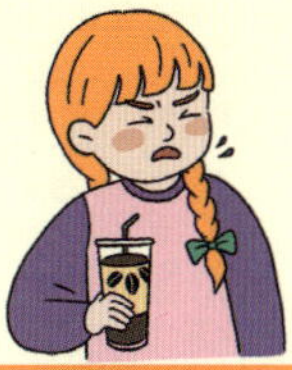

bitter
쓴

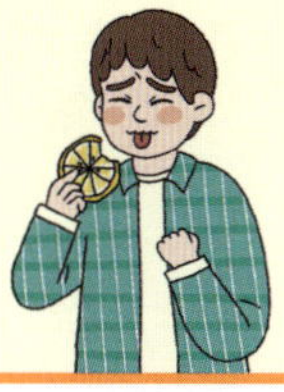

sour
신

B 다음 단어를 잘 듣고, 알맞은 단어에 ○ 하세요.

(1)
bland
spicy

(2)
sour
oily

(3)
plain
salty

C 다음 단어와 뜻을 바르게 연결하세요.

(1) **delicious** •   • 짠

(2) **bitter** •   • 신

(3) **sweet** •   • 맛있는

(4) **salty** •   • 쓴

(5) **sour** •   • 달콤한

6 모양새에 관해 말해요

A 다음 단어를 잘 듣고, 3번 따라 읽어 보세요.

small
작은

short
짧은, 키가 작은

B 다음 단어를 잘 듣고, 알맞은 단어에 ○ 하세요.

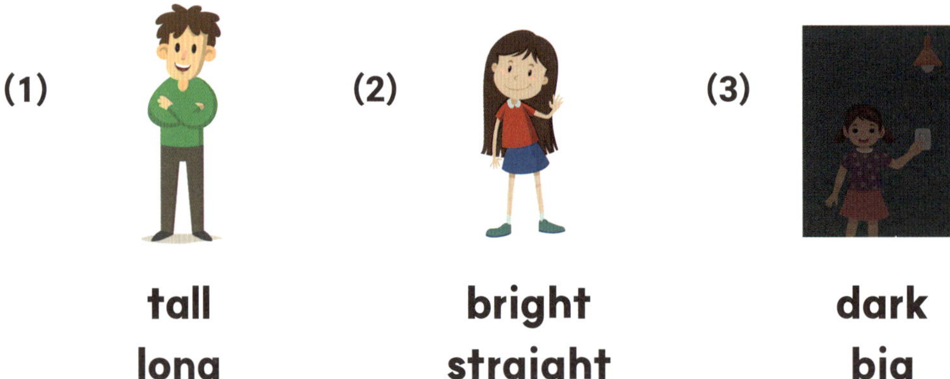

C 다음 단어와 뜻을 바르게 연결하세요.

(1) **curly** •　　　　　　• 작은

(2) **short** •　　　　　　• 곱슬곱슬한

(3) **big** •　　　　　　• 큰

(4) **small** •　　　　　　• 밝은

(5) **bright** •　　　　　　• 짧은, 키가 작은

7 관찰해 보아요

A 다음 단어를 잘 듣고, 3번 따라 읽어 보세요. 

heavy
무거운

light
가벼운

smooth
매끈한

little
작은

fast
빠른

slow
느린

empty
빈

deep
깊은

soft
부드러운

hard
딱딱한

Listen and Choose

B 다음 단어를 잘 듣고, 알맞은 단어에 ○ 하세요.

(1) 

fast
smooth

(2) 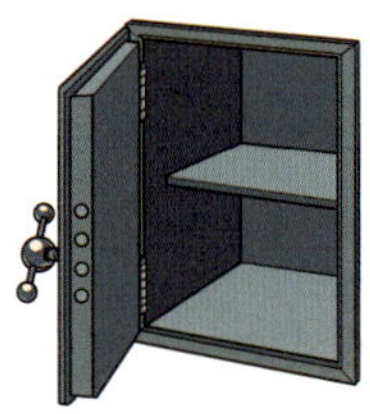

empty
soft

(3) 

heavy
deep

Read and Match

C 다음 단어와 뜻을 바르게 연결하세요.

(1) **light**　　　　　　　　　작은

(2) **slow**　　　　　　　　　가벼운

(3) **heavy**　　　　　　　　느린

(4) **little**　　　　　　　　딱딱한

(5) **hard**　　　　　　　　무거운

8 | 여러 가지 색깔로 칠해요

A 다음 단어를 잘 듣고, 3번 따라 읽어 보세요.  

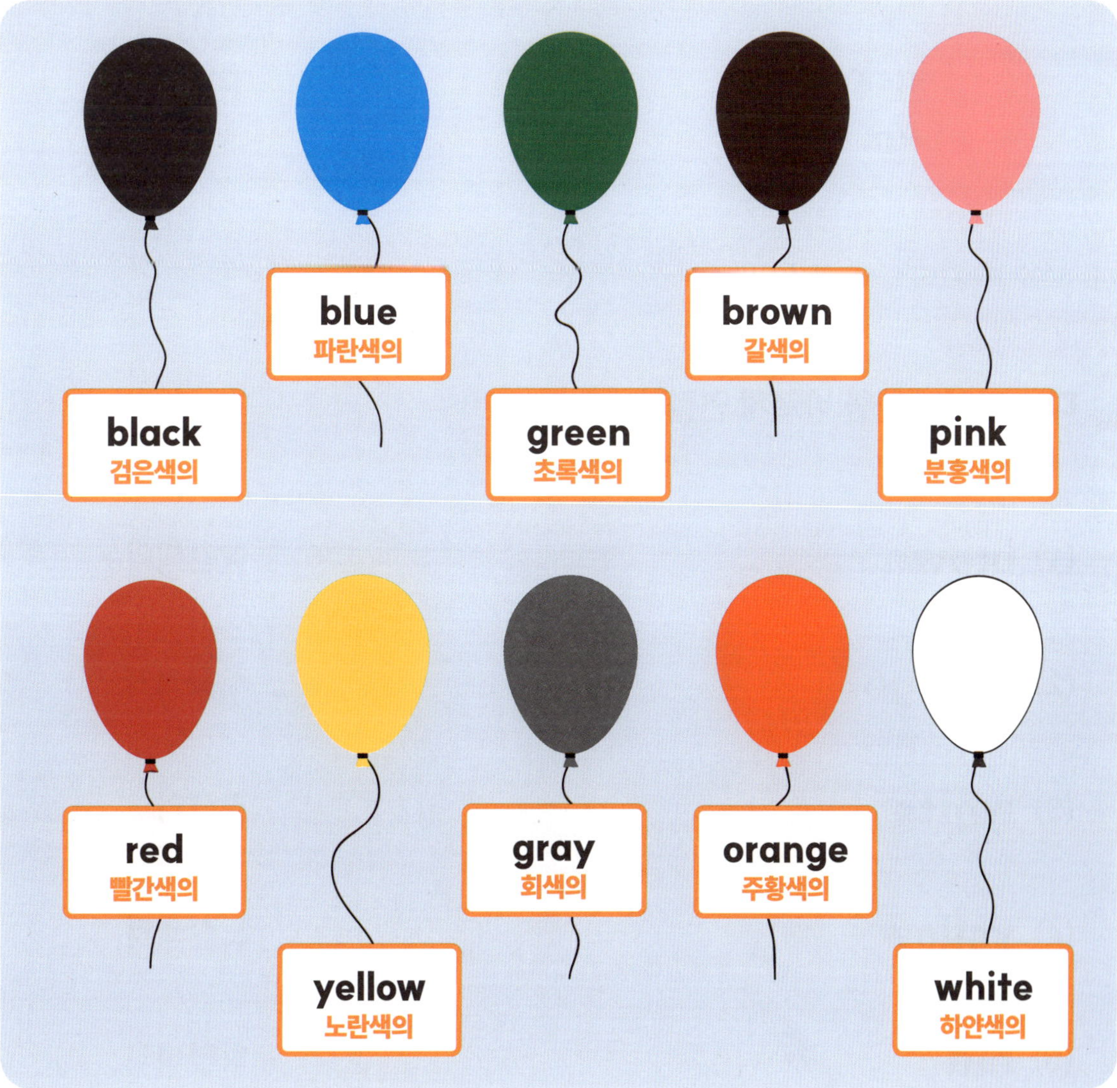

black 검은색의

blue 파란색의

green 초록색의

brown 갈색의

pink 분홍색의

red 빨간색의

yellow 노란색의

gray 회색의

orange 주황색의

white 하얀색의

B 다음 단어를 잘 듣고, 알맞은 단어에 ○ 하세요.

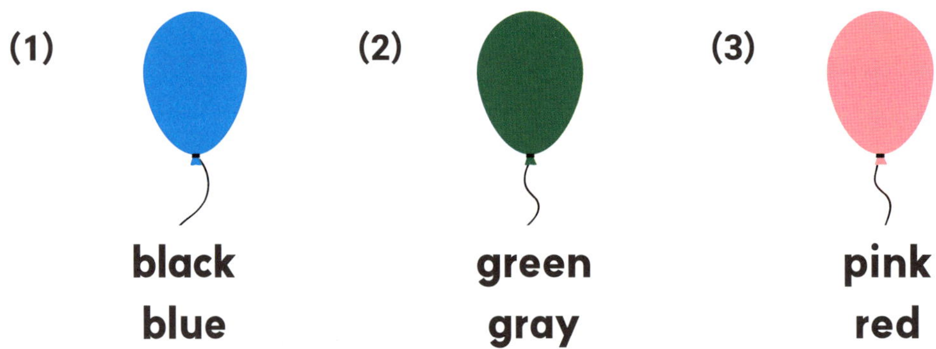

C 다음 단어와 뜻을 바르게 연결하세요.

(1) brown	빨간색의
(2) orange	주황색의
(3) white	갈색의
(4) yellow	노란색의
(5) red	하얀색의

9 이렇게 설명해요

A 다음 단어를 잘 듣고, 3번 따라 읽어 보세요.

famous
유명한

handsome
잘생긴

beautiful
아름다운

pretty
예쁜

cute
귀여운

funny
웃긴, 이상한

clever
영리한

dirty
더러운

ugly
못생긴

foolish
어리석은

B 다음 단어를 잘 듣고, 알맞은 단어에 ○ 하세요. 

(1) 

handsome
ugly

(2) 

pretty
famous

(3)

foolish
clever

C 다음 단어와 뜻을 바르게 연결하세요.

(1) **handsome** •   • 유명한

(2) **cute** •   • 귀여운

(3) **famous** •   • 더러운

(4) **dirty** •   • 아름다운

(5) **beautiful** •   • 잘생긴

형용사

10 날씨에 관해 말해요

Look and Listen

A 다음 단어를 잘 듣고, 3번 따라 읽어 보세요.

☑ ☐ ☐

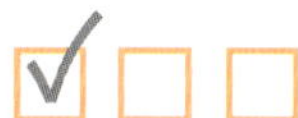

hot
더운

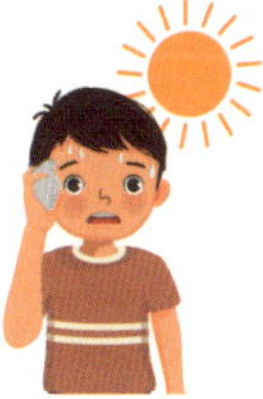

cloudy
흐린

snowy
눈 오는

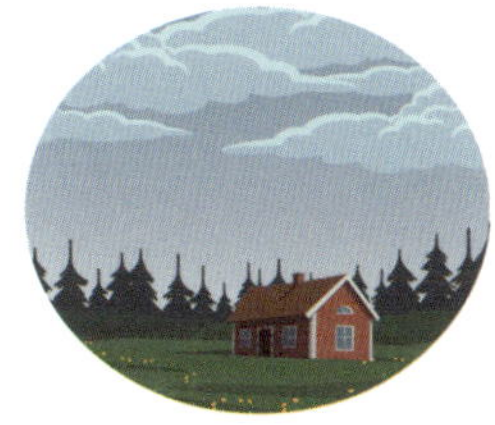

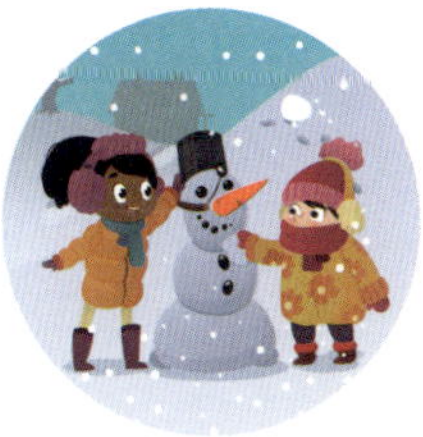

windy
바람 부는

cold
추운

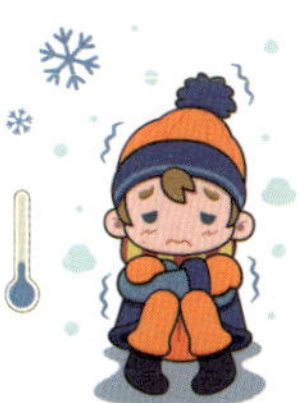

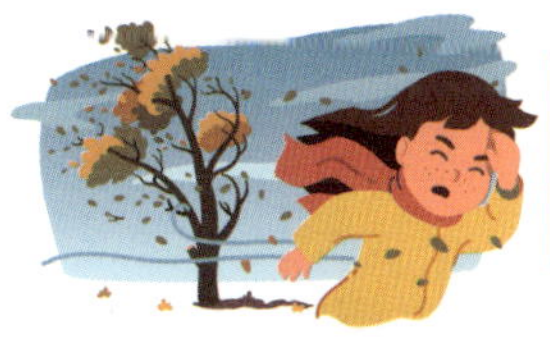

rainy
비 내리는

chilly
쌀쌀한

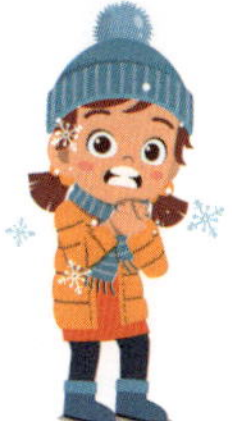

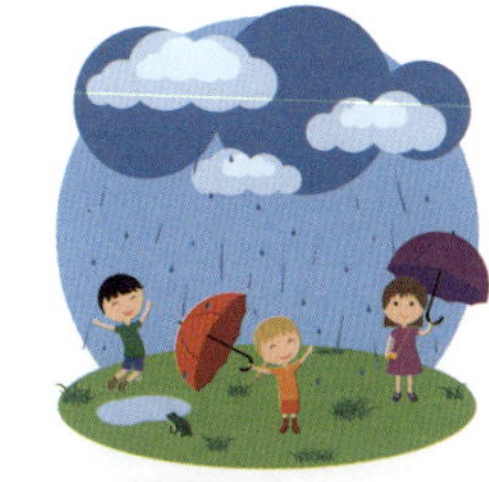

foggy
안개 낀

sunny
맑은

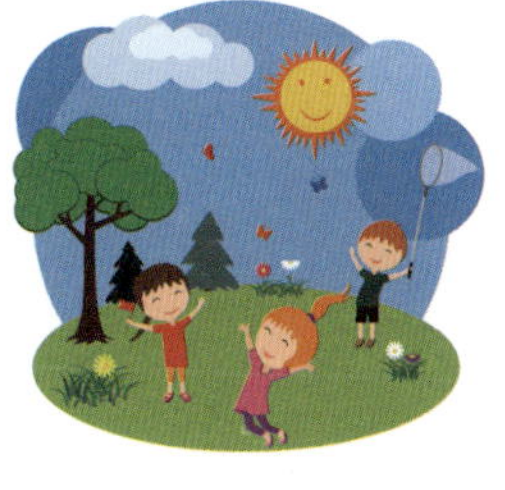

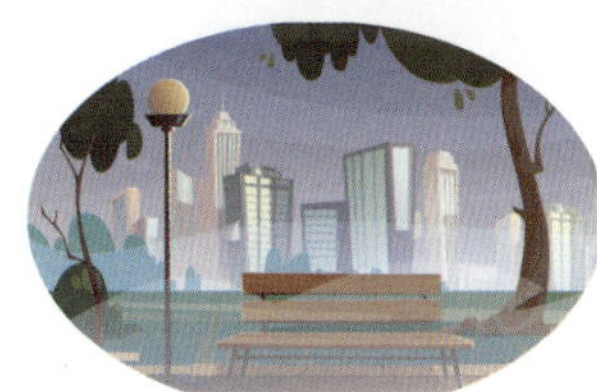

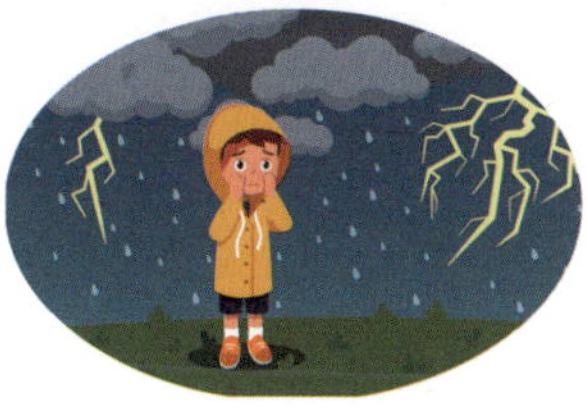

stormy
폭풍우 치는

B 다음 단어를 잘 듣고, 알맞은 단어에 ○ 하세요.

(1) 

hot
cold

(2)

snowy
rainy

(3) 

stormy
chilly

C 다음 주어진 단어와 뜻을 바르게 연결하세요.

(1) **windy** •   • 흐린

(2) **sunny** •   • 비 내리는

(3) **rainy** •   • 바람 부는

(4) **foggy** •   • 맑은

(5) **cloudy** •   • 안개 낀

4

부사

부사? 그게 뭐야?

부사는 참 착한 단어예요. 동사와 형용사를 돋보이게 해 준답니다.

동사는 문장이라는 기차를 끌고 가는 단어, 특히 명사의 움직임, 행동, 상태 등을 표현해요.

부사는 그 동사의 활동이 **강한지**, **빠른지**, **심한지**, **어떤 순서인지** 등에 관해 우리에게 알려 줘요.

뿐만 아니라 명사를 도와주는 단어인 형용사와 함께 쓰이기도 합니다.

수는 적지만 문장 기차에서 **쓰이는 위치가 다른 단어들에 비해 자유롭답니다.**

I will finish reading **quickly**.

Quickly, I will finish reading.

자, 그럼 이제 부사 단어를 배워 볼까요?

1 때를 알려 줘요

A 다음 단어를 잘 듣고, 3번 따라 읽어 보세요. ☑ ☐ ☐

later
나중에

soon
곧

just
방금

next
다음에

lately
최근에

quickly
빨리

once
한번

yesterday
어제

today
오늘

tomorrow
내일

B 다음 단어를 잘 듣고, 알맞은 단어에 ○ 하세요.

(1) just / next

(2) once / lately

(3) quickly / just

C 다음 단어와 뜻을 바르게 연결하세요.

(1) yesterday • • 나중에

(2) today • • 어제

(3) tomorrow • • 오늘

(4) later • • 곧

(5) soon • • 내일

2 빈도를 알려 줘요

A 다음 단어를 잘 듣고, 3번 따라 읽어 보세요.  

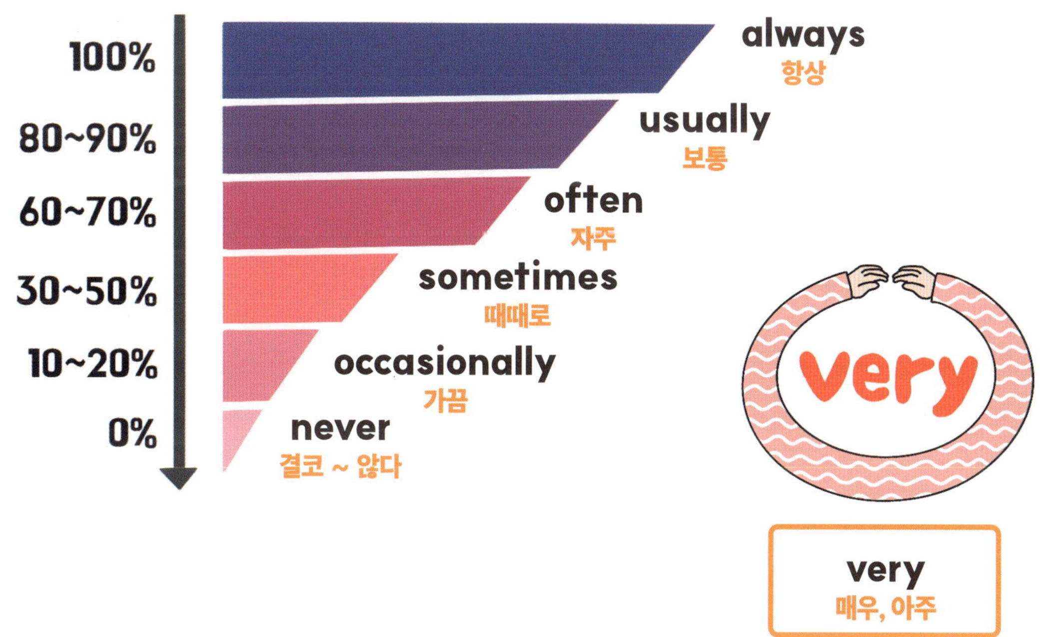

very
매우, 아주

again
다시, 또

almost
거의

enough
충분히

B 다음 단어를 잘 듣고, 알맞은 단어에 ○ 하세요.

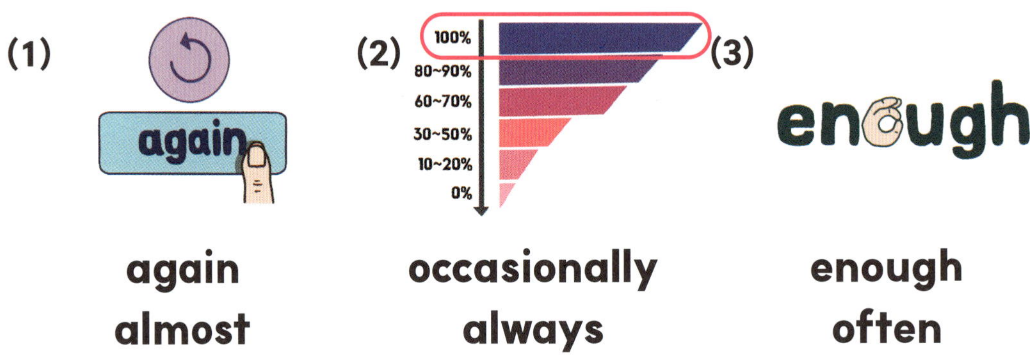

(1) again
almost

(2) occasionally
always

(3) enough
often

C 다음 단어와 뜻을 바르게 연결하세요.

(1) **usually** •   • 다시, 또

(2) **never** •   • 결코 ~ 않다

(3) **again** •   • 보통

(4) **almost** •   • 거의

(5) **sometimes** •   • 때때로

3 형용사를 꾸며 줘요

A 다음 단어를 잘 듣고, 3번 따라 읽어 보세요.

only
오직

quite
꽤

too
너무

mostly
대부분

best
가장

highly
매우

most
가장 많이

overly
지나치게

really
정말로

rarely
드물게

B 다음 단어를 잘 듣고, 알맞은 단어에 ○ 하세요.

(1) 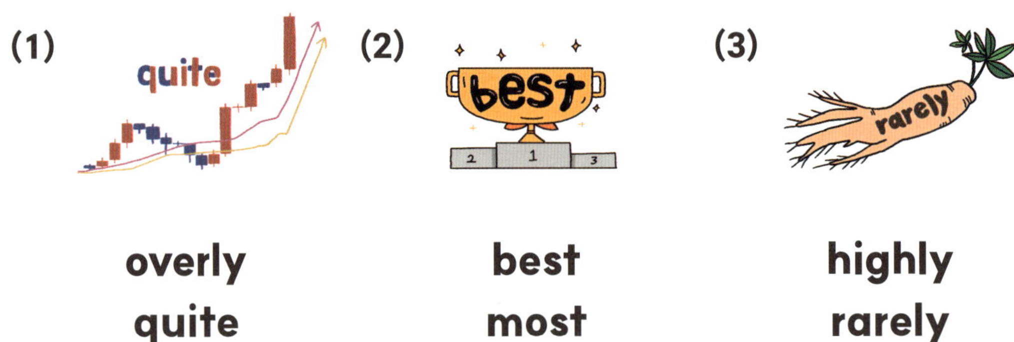

overly
quite

(2)
best
most

(3)
highly
rarely

C 다음 단어와 뜻을 바르게 연결하세요.

(1) **best**   •   •   오직

(2) **mostly**   •   •   대부분

(3) **really**   •   •   정말로

(4) **too**   •   •   너무

(5) **only**   •   •   가장

반대말

반대말도 알아 둬요!

단어는 그 의미를 머릿속에 잘 저장해 언제라도 기억해 사용해야 합니다.

그러려면 오래오래 잘 기억나도록 효과적인 전략을 써야 해요.

그 전략 중 하나가 바로 **반대말** 쌍을 외우는 것이랍니다.

한꺼번에 두 개의 단어를 학습하니 일석이조!

자, 그럼 이제 반대말 단어를 배워 볼까요?

1) 서로 반대되는 말이에요 1

A 다음 단어를 잘 듣고, 3번 따라 읽어 보세요.  

city
도시

country
시골, 나라

sky
하늘

ground
땅

top
맨 위

bottom
맨 아래

front
앞쪽

back
뒤쪽

nothing
아무것도

everything
모든 것

B 다음 단어를 잘 듣고, 알맞은 단어에 ○ 하세요.

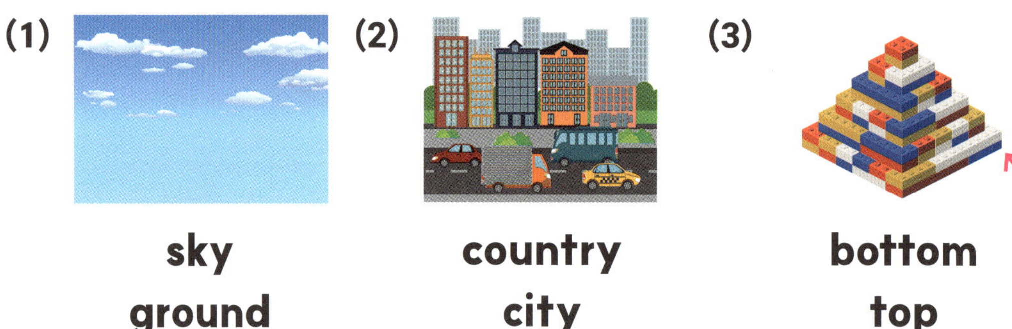

(1)
sky
ground

(2)
country
city

(3)
bottom
top

C 다음 단어와 뜻을 바르게 연결하세요.

(1) **city**	모든 것
(2) **top**	도시
(3) **nothing**	맨 위
(4) **front**	앞쪽
(5) **everything**	아무것도

2 서로 반대되는 말이에요 2

A 다음 단어를 잘 듣고, 3번 따라 읽어 보세요.  

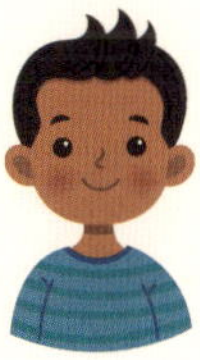

boy
소년

girl
소녀

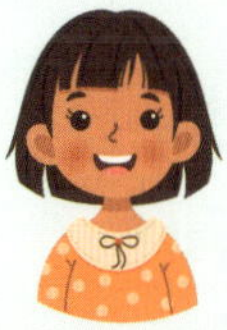

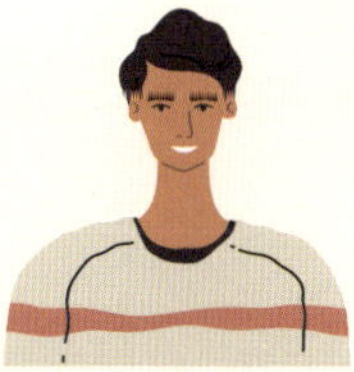

man
남자

woman
여자

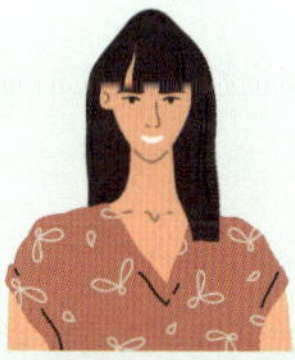

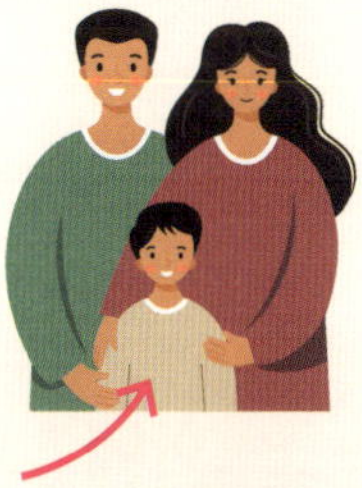

son
아들

daughter
딸

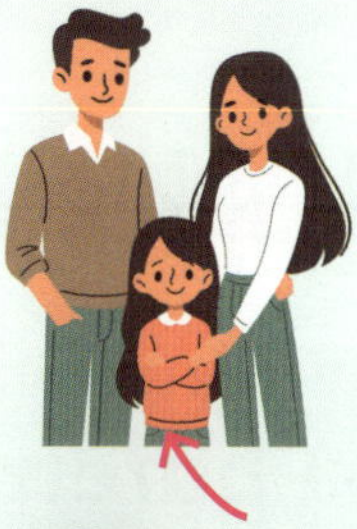

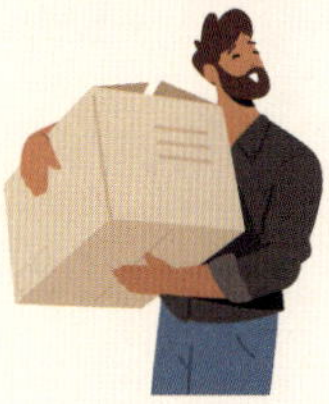

husband
남편

wife
아내

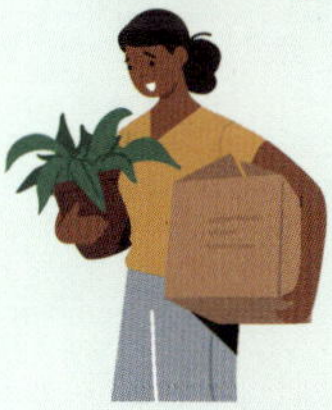

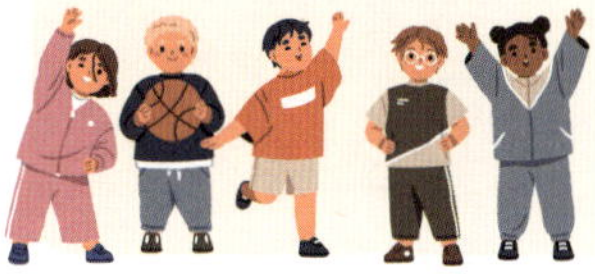

children
아이들

parents
부모

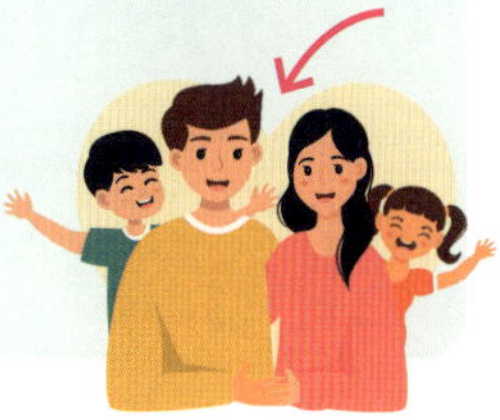

Listen and Choose

B 다음 단어를 잘 듣고, 알맞은 단어에 ○ 하세요.

(1) 

children
parents

(2) 

daughter
son

(3) 

woman
man

Read and Match

C 다음 단어와 뜻을 바르게 연결하세요.

(1) **husband**   •   • 남편

(2) **parents**   •   • 아내

(3) **wife**   •   • 딸

(4) **daughter**   •   • 부모

(5) **boy**   •   • 소년

3 서로 반대되는 말이에요 3

A 다음 단어를 잘 듣고, 3번 따라 읽어 보세요. ✓ ☐ ☐

B 다음 단어를 잘 듣고, 알맞은 단어에 ○ 하세요.

(1) 

high
low

(2) 

same
different

(3) 

thin
thick

C 다음 단어와 뜻을 바르게 연결하세요.

(1) **different**　　•　　　　　•　낮은

(2) **rich**　　•　　　　　•　부유한

(3) **low**　　•　　　　　•　얇은

(4) **young**　　•　　　　　•　다른

(5) **thin**　　•　　　　　•　어린, 젊은

반대말

4 서로 반대되는 말이에요 4

Look and Listen

A 다음 단어를 잘 듣고, 3번 따라 읽어 보세요.

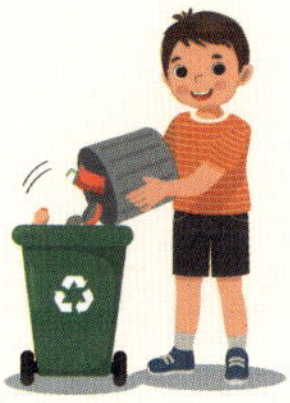

right 옳은, 정확한 — **wrong** 틀린, 잘못된

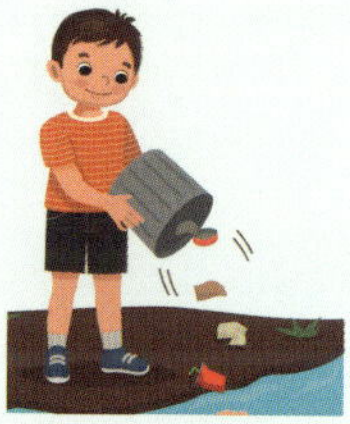

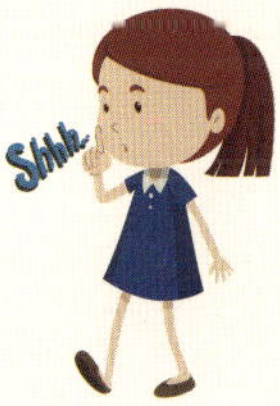

quiet 조용한 — **noisy** 시끄러운

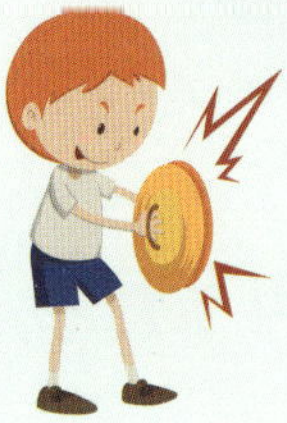

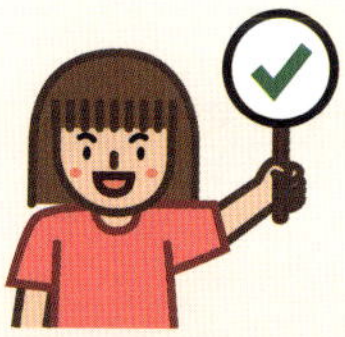

true 사실인 — **false** 거짓인

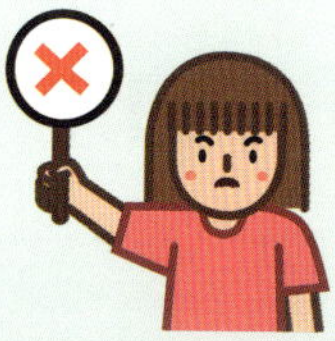

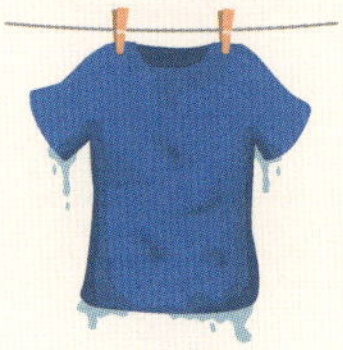

wet 젖은 — **dry** 마른

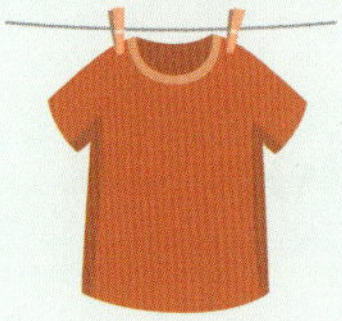

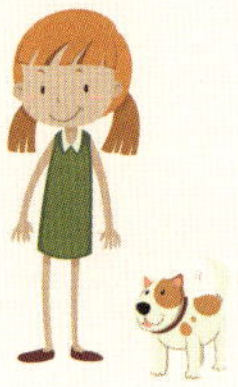

near 가까운 — **far** 먼

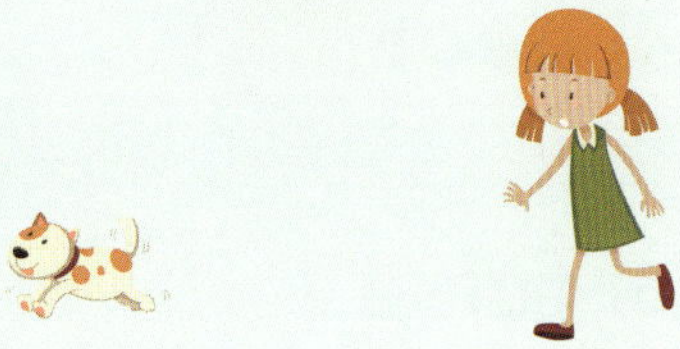

B 다음 단어를 잘 듣고, 알맞은 단어에 ○ 하세요.

(1)
noisy
quiet

(2)
dry
wet

(3)
true
false

C 다음 단어와 뜻을 바르게 연결하세요.

(1) **right** •　　　　• 가까운

(2) **wet** •　　　　• 거짓인

(3) **quiet** •　　　　• 옳은, 정확한

(4) **near** •　　　　• 젖은

(5) **false** •　　　　• 조용한

5 서로 반대되는 말이에요 5

A 다음 단어를 잘 듣고, 3번 따라 읽어 보세요.  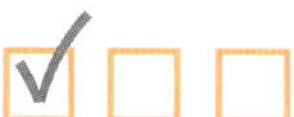

B 다음 단어를 잘 듣고, 알맞은 단어에 ○ 하세요.

(1) 

outside
inside

(2) 

alone
together

(3) 

down
up

C 다음 단어와 뜻을 바르게 연결하세요.

(1) **down** ·　　　· 아래로

(2) **early** ·　　　· 위로

(3) **alone** ·　　　· 일찍

(4) **up** ·　　　· 혼자

(5) **outside** ·　　　· 밖에

we
us
give
here
backward

사이트워드도 알아 둬요!

사이트워드(sight words)의 사이트(sight)란 시각,

즉 눈에 보이는 것이라는 뜻이에요.

문장에 아주 많이 보이니까 보자마자 척! 소리 내어 읽을 수 있는 단어들이

사이트워드예요. 이런 단어는 바로바로 읽을 수 있어야 해요.

왜냐하면 읽는 데 오랜 시간이 걸리면 책을 다 보는 시간이 너무 길어지거든요.

자꾸 큰 소리로 읽는 연습을 많이 해서 사이트워드를 보는 즉시

읽을 수 있게 하세요.

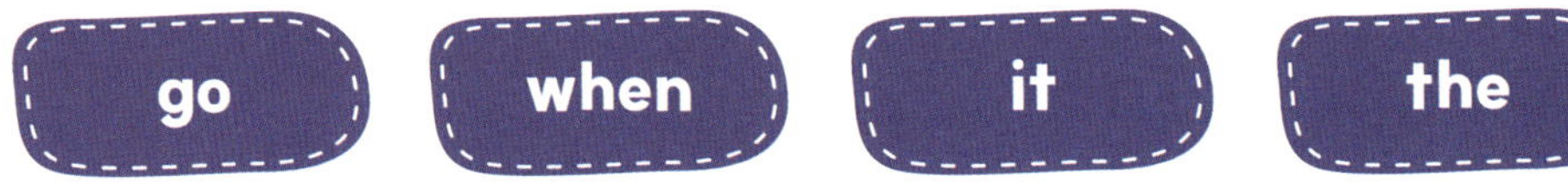

자, 그럼 이제 사이트워드를 배워 볼까요?

1 1부터 10까지 세어요

A 다음 단어를 잘 듣고, 3번 따라 읽어 보세요.  

one
일, 하나

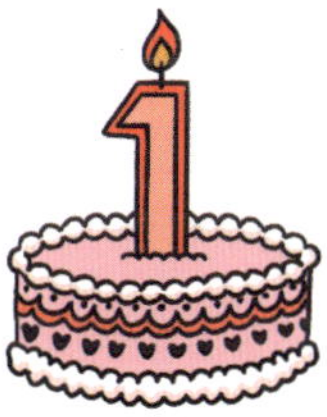

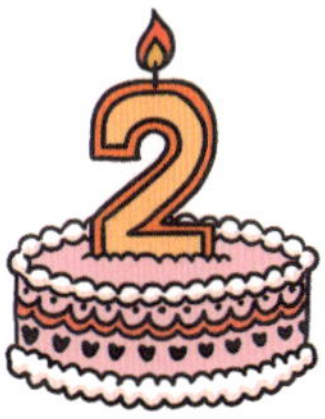

two
이, 둘

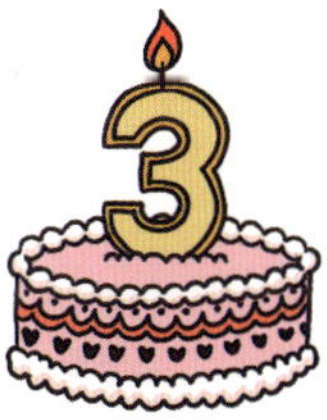

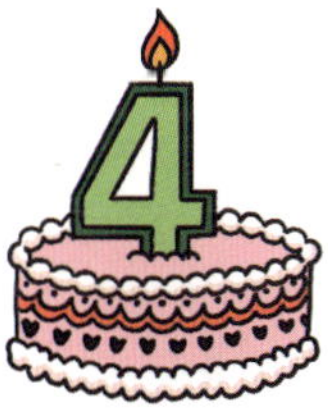

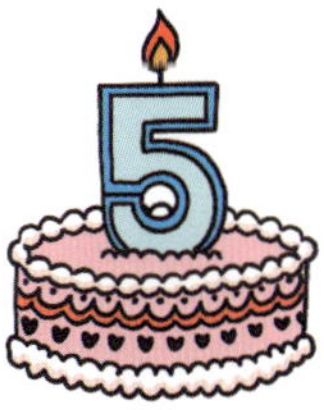

three
삼, 셋

four
사, 넷

five
오, 다섯

six
육, 여섯

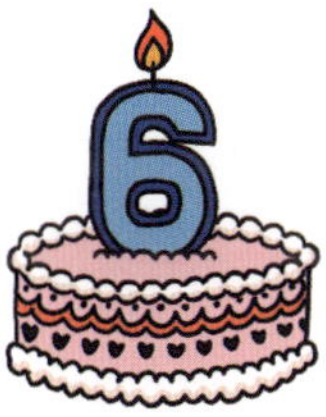

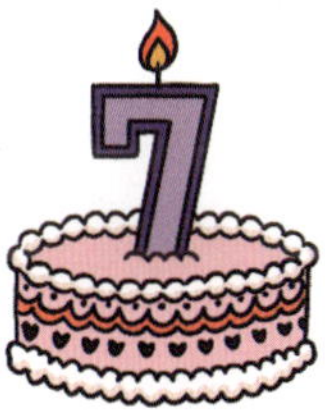

seven
칠, 일곱

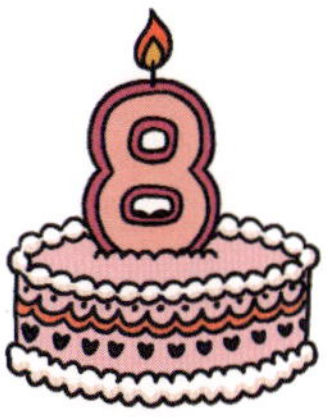

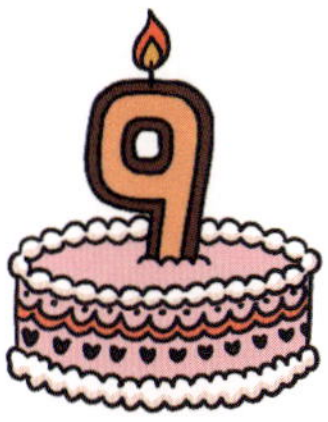

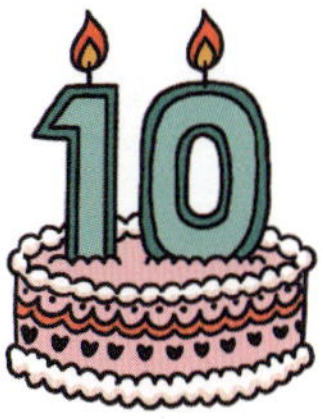

eight
팔, 여덟

nine
구, 아홉

ten
십, 열

B 다음 단어를 잘 듣고, 알맞은 단어에 ○ 하세요.

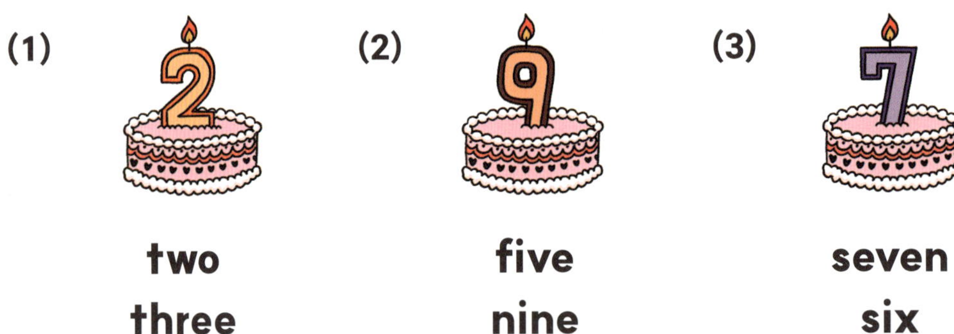

(1)

two
three

(2)

five
nine

(3)

seven
six

C 다음 단어와 뜻을 바르게 연결하세요.

(1) **one** •		• 10, 열
(2) **three** •		• 3, 셋
(3) **six** •		• 1, 하나
(4) **eight** •		• 6, 여섯
(5) **ten** •		• 8, 여덟

2 큰 수를 세어요

Look and Listen

A 다음 단어를 잘 듣고, 3번 따라 읽어 보세요. ☑ ☐ ☐

eleven
십일, 열하나

twelve
십이, 열둘

thirteen
십삼, 열셋

fourteen
십사, 열넷

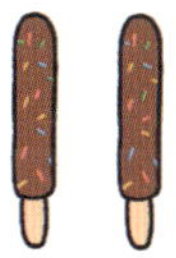

fifteen
십오, 열다섯

twenty
이십, 스물

thirty
삼십, 서른

forty
사십, 마흔

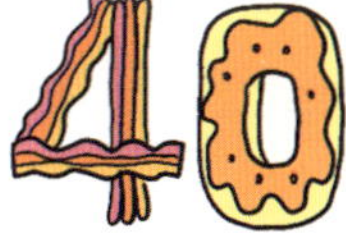

hundred
백

thousand
천

B 다음 단어를 잘 듣고, 알맞은 단어에 ○ 하세요.

(1) 

twelve
thirteen

(2) 

forty
fourteen

(3) 

hundred
thirty

C 다음 단어와 뜻을 바르게 연결하세요.

(1) **eleven** •   • 1000, 천

(2) **twenty** •   • 20, 스물

(3) **fourteen** •   • 11, 열하나

(4) **thirty** •   • 14, 열넷

(5) **thousand** •   • 30, 서른

3) 무슨 요일일까요?

Look and Listen

A 다음 단어를 잘 듣고, 3번 따라 읽어 보세요.  ☑ ☐ ☐

Monday
월요일

 **Tuesday**
화요일

Wednesday
수요일

 **Thursday**
목요일

Friday
금요일

 **Saturday**
토요일

Sunday
일요일

weekend
주말

B 다음 단어를 잘 듣고, 알맞은 단어에 ○ 하세요.

(1) Sunday / Wednesday

(2) Monday / Thursday

(3) Friday / Tuesday

C 다음 단어와 뜻을 바르게 연결하세요.

(1) Tuesday • • 주말

(2) Thursday • • 목요일

(3) Saturday • • 화요일

(4) Sunday • • 토요일

(5) weekend • • 일요일

 4

몇 월일까요?

Look and Listen

A 다음 단어를 잘 듣고, 3번 따라 읽어 보세요. ☑ ☐ ☐

January
1월

February
2월

March
3월

April
4월

May
5월

June
6월

July
7월

August
8월

September
9월

October
10월

November
11월

December
12월

B 다음 단어를 잘 듣고, 알맞은 단어에 ○ 하세요.

(1) 

May
April

(2)

July
June

(3) 

October
August

C 다음 단어와 뜻을 바르게 연결하세요.

(1) **January**   •   •   11월

(2) **March**   •   •   5월

(3) **May**   •   •   1월

(4) **November**   •   •   3월

(5) **December**   •   •   12월

5 언제인지 알아요

A 다음 단어를 잘 듣고, 3번 따라 읽어 보세요.  

morning
아침

afternoon
오후

evening
저녁

day
낮, 하루

night
밤

week
주

month
달

year
연, 해

beginning
시작

end
끝

B 다음 단어를 잘 듣고, 알맞은 단어에 ○ 하세요.

(1) 

morning
afternoon

(2) 

day
night

(3) 

month
year

C 다음 단어와 뜻을 바르게 연결하세요.

(1) **afternoon** •   • 시작

(2) **week** •   • 연, 해

(3) **year** •   • 오후

(4) **beginning** •   • 주

(5) **end** •   • 끝

6) 생각해서 질문해요

A 다음 단어를 잘 듣고, 3번 따라 읽어 보세요.  

B 다음 단어를 잘 듣고, 알맞은 단어에 ○ 하세요.

(1) 

how
whose

(2) 

what
who

(3) 

where
when

C 다음 단어와 뜻을 바르게 연결하세요.

(1) **when**   •   •   왜

(2) **what**   •   •   언제

(3) **why**   •   •   무엇을

(4) **whose**   •   •   어느 것

(5) **which**   •   •   누구의

7. 명사와 함께 써요 1

A 다음 단어를 잘 듣고, 3번 따라 읽어 보세요.

in
~ 안에

behind
~ 뒤에

on
~ 위에

between
~ 사이에

at
~에

over
~ 위쪽에

by
~ 곁에

beside
~의 옆에

under
~ 아래에

beyond
~의 저편에

B 다음 단어를 잘 듣고, 알맞은 단어에 ○ 하세요.

(1)
under
by

(2)
beyond
between

(3)
over
beside

C 다음 단어와 뜻을 바르게 연결하세요.

(1) **in** •   • ~에

(2) **on** •   • ~ 안에

(3) **at** •   • ~ 위에

(4) **behind** •   • ~ 사이에

(5) **between** •   • ~ 뒤에

8 명사와 함께 써요 2

A 다음 단어를 잘 듣고, 3번 따라 읽어 보세요.

to
~에게

from
~로부터

for
~을 위한

with
~와 함께

without
~ 없이

against
~에 반대하여

of
~의

among
~ 속에

during
~ 동안, 내내

around
~의 주위에

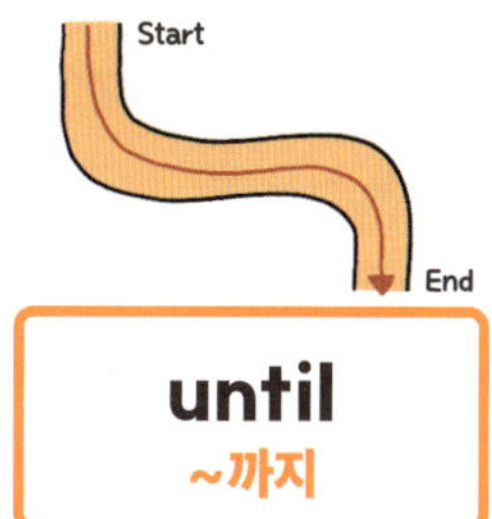
until
~까지

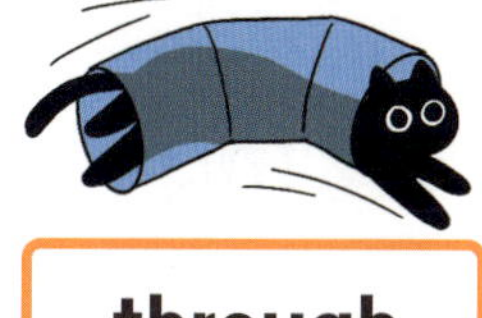

through
~을 통해, 내내

B 다음 단어를 잘 듣고, 알맞은 단어에 ○ 하세요.

(1)
to
from

(2)
against
among

(3)
until
around

C 다음 단어와 뜻을 바르게 연결하세요.

(1) **from** • • ~ 동안, 내내

(2) **against** • • ~의

(3) **of** • • ~에 반대하여

(4) **during** • • ~로부터

(5) **through** • • ~을 통해, 내내

9 한눈에 읽어요 1

A 다음 단어를 잘 듣고, 3번 따라 읽어 보세요. ☑ ☐ ☐

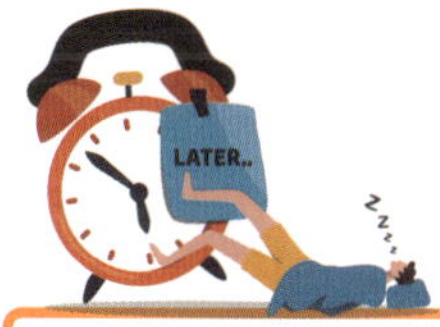

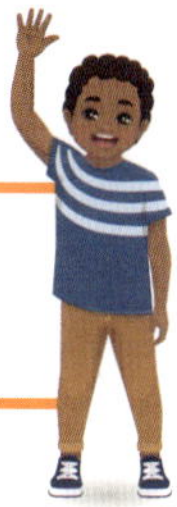

later
나중에

now
지금

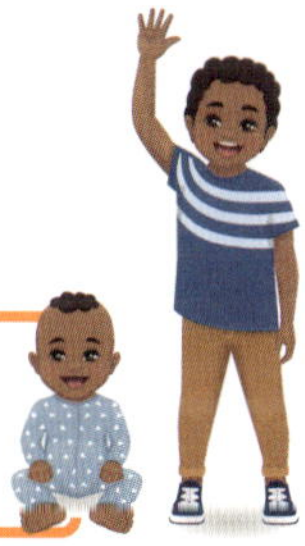

then
그때

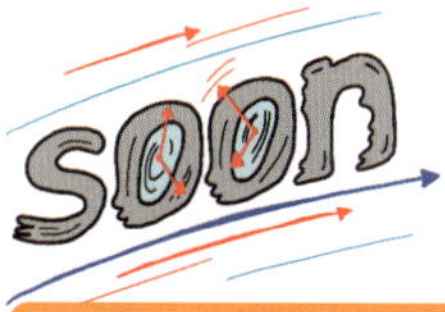

soon
곧

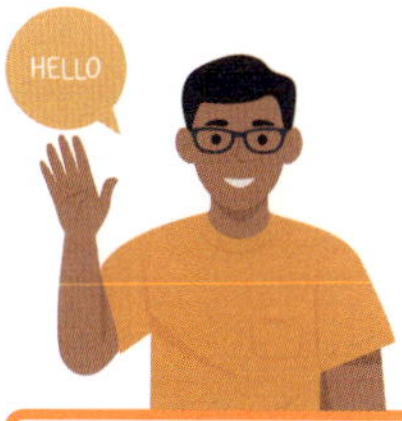

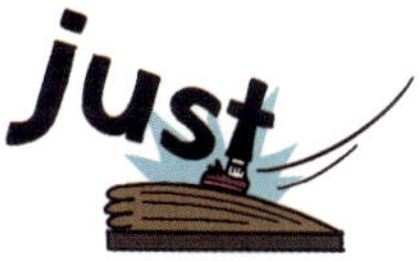

hello
안녕, 여보세요

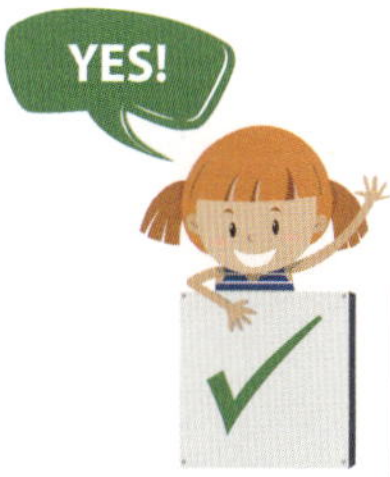

just
방금

yes
예

no
아니오

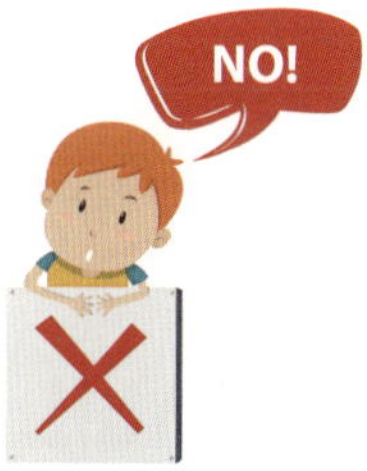

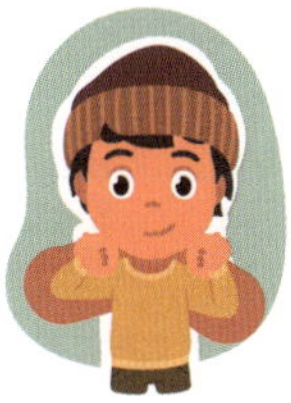

alright
괜찮은

sure
확실한

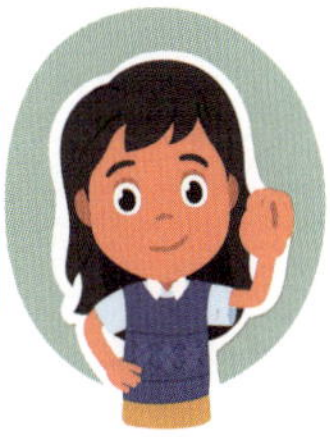

B 다음 단어를 잘 듣고, 알맞은 단어에 ○ 하세요.

(1)

now
then

(2)

soon
later

(3)

hello
alright

C 다음 단어와 뜻을 바르게 연결하세요.

(1) **then** •　　　　　• 아니오

(2) **soon** •　　　　　• 곧

(3) **hello** •　　　　　• 그때

(4) **yes** •　　　　　• 예

(5) **no** •　　　　　• 안녕, 여보세요

10 한눈에 읽어요 2

A 다음 단어를 잘 듣고, 3번 따라 읽어 보세요. ☑ ☐ ☐

a(an)
하나의

the
그것의

and
그리고

but
그러나

or
또는

so
그래서

because
왜냐하면

while
~하는 동안

also
또한

every
모든

Listen and Choose

B 다음 단어를 잘 듣고, 알맞은 단어에 ○ 하세요.

(1) **the**

the
an

(2) **but**

and
but

(3) **because**

also
because

Read and Match

C 다음 단어와 뜻을 바르게 연결하세요.

(1) **and** ・　　　・ 또는

(2) **every** ・　　　・ ~하는 동안

(3) **while** ・　　　・ 그리고

(4) **or** ・　　　・ 또한

(5) **also** ・　　　・ 모든

11 무언가를 가리켜요

A 다음 단어를 잘 듣고, 3번 따라 읽어 보세요.  

this
이것

these
이것들

that
저것

those
저것들

many
(수가) 많은

much
(양이) 많은

any
아무거나, 어떤 것이든

all
전부 다

some
일부, 약간

both
둘 다

B 다음 단어를 잘 듣고, 알맞은 단어에 ○ 하세요.

(1)
that
this

(2)
many
much

(3)
all
both

C 다음 단어와 뜻을 바르게 연결하세요.

(1) **this** •　　　　　• 저것들

(2) **these** •　　　　　• (수가) 많은

(3) **those** •　　　　　• 둘 다

(4) **many** •　　　　　• 이것들

(5) **both** •　　　　　• 이것

12 다른 단어를 대신해요 1

A 다음 단어를 잘 듣고, 3번 따라 읽어 보세요.  

I
나

my
나의

me
나를

you
당신, 너

your
당신의, 너의

he
그

his
그의

she
그녀

her
그녀의

Listen and Choose

B 다음 단어를 잘 듣고, 알맞은 단어에 ○ 하세요.

(1)

I

you

(2)

her

he

(3)

she

he

Read and Match

C 다음 단어와 뜻을 바르게 연결하세요.

(1) **my** •   • 나를

(2) **your** •   • 당신의, 너의

(3) **his** •   • 나의

(4) **her** •   • 그의

(5) **me** •   • 그녀의

13 다른 단어를 대신해요 2

A 다음 단어를 잘 듣고, 3번 따라 읽어 보세요.  

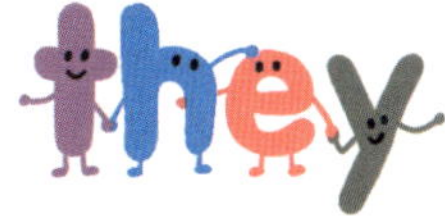

they
그들

their
그들의

them
그들을

we
우리

our
우리의

us
우리를

it
그것

am
~이다, 있다

are
~이다, 있다

is
~이다, 있다

B 다음 단어를 잘 듣고, 알맞은 단어에 ○ 하세요.

(1)

are
they

(2)

we
is

(3)

it
our

C 다음 단어와 뜻을 바르게 연결하세요.

(1) **us**   •   •   ~이다, 있다

(2) **them**   •   •   그들을

(3) **it**   •   •   그것

(4) **their**   •   •   그들의

(5) **is**   •   •   우리를

14 많이 쓰는 동사예요

A 다음 단어를 잘 듣고, 3번 따라 읽어 보세요.

go
기다

come
오다

become
되다

have
~을 가지다

give
~을 주다

make
~을 만들다

get
~을 받다

take
~을 가져가다

put
~을 놓다

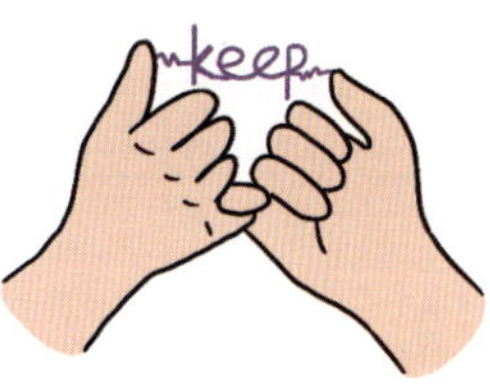
keep
~을 지키다

B 다음 단어를 잘 듣고, 알맞은 단어에 ○ 하세요.

(1) go / take

(2) give / become

(3) put / come

C 다음 단어와 뜻을 바르게 연결하세요.

(1) become • • 되다

(2) come • • ~을 가지다

(3) have • • 오다

(4) make • • ~을 가져가다

(5) take • • ~을 만들다

15 동사를 도와줘요

A 다음 단어를 잘 듣고, 3번 따라 읽어 보세요. ☑ ☐ ☐

will
~할 것이다

would
(의문문) ~할까?

can
~할 수 있다

could
~할 수 있었다, 해도 좋다

may
~일지도 모른다

might
~할 것 같다

shall
~일 것이다

should
~해야 한다

must
반드시 ~해야 한다

do
의문문을 만듦

B 다음 단어를 잘 듣고, 알맞은 단어에 ○ 하세요.

(1)
should
do

(2)
may
will

(3)
can
would

C 다음 단어와 뜻을 바르게 연결하세요.

(1) **should** •　　　　　• ~할 것이다

(2) **will** •　　　　　• ~일지도 모른다

(3) **can** •　　　　　• ~해야 한다

(4) **must** •　　　　　• 반드시 ~해야 한다

(5) **may** •　　　　　• ~할 수 있다

16 순서대로 말해요

A 다음 단어를 잘 듣고, 3번 따라 읽어 보세요. ☑ ☐ ☐

first 첫 번째 		**second** 두 번째 
third 세 번째 		**fourth** 네 번째 
fifth 다섯 번째 		**sixth** 여섯 번째 
tenth 열 번째 		**eleventh** 열한 번째
twelfth 열두 번째 		**twentieth** 스무 번째
thirtieth 서른 번째		**hundredth** 백 번째

B 다음 단어를 잘 듣고, 알맞은 단어에 ○ 하세요.

(1) 

twelfth
second

(2) 

first
eleventh

(3) 

third
fourth

C 다음 단어와 뜻을 바르게 연결하세요.

(1) **eleventh** •   • 네 번째

(2) **second** •   • 백 번째

(3) **fourth** •   • 열한 번째

(4) **twentieth** •   • 두 번째

(5) **hundredth** •   • 스무 번째

17 위치와 방향을 알려 줘요

A 다음 단어를 잘 듣고, 3번 따라 읽어 보세요. ✓ ☐ ☐

left
왼쪽

center
가운데

right
오른쪽

here
여기에

there
거기에

out
밖으로

forward
앞으로

backward
뒤로

B 다음 단어를 잘 듣고, 알맞은 단어에 ○ 하세요.

(1) 

out
forward

(2) 

right
left

(3) 

here
there

C 다음 단어와 뜻을 바르게 연결하세요.

(1) **out** •　　　　　• 가운데

(2) **center** •　　　　　• 밖으로

(3) **there** •　　　　　• 거기에

(4) **here** •　　　　　• 뒤로

(5) **backward** •　　　　　• 여기에

Answer Key

31
음식을 주문해요

p. 72

B (1) fried rice (2) beef steak (3) soup

C (1) pork cutlet 돈가스
(2) hamburger 햄버거
(3) spaghetti 스파게티
(4) fried rice 볶음밥
(5) rice noodles 쌀국수

34
동화책에 나와요
p. 78

B (1) gold (2) hunter (3) bone

C (1) princess 공주
(2) queen 여왕
(3) prince 왕자
(4) monster 괴물
(5) hero 영웅

32
디저트가 좋아요

p. 74

B (1) cookie (?) bread (3) fruit

C (1) jelly 젤리
(2) yogurt 요거트
(3) candy 사탕
(4) pie 파이
(5) ice cream 아이스크림

35
특별한 날이에요

p. 80

B (1) present (2) balloon (3) birthday

C (1) birthday 생일
(2) food 음식
(3) ribbon 리본
(4) card 카드
(5) holiday 휴일, 명절

33
음식 재료로 써요

p. 76

B (1) sugar (2) honey (3) cheese

C (1) butter 버터
(2) pepper 후추
(3) sugar 설탕
(4) salt 소금
(5) flour 밀가루

2
서로 반대되는 말이에요 2 

B (1) children (2) son (3) woman

C (1) husband 남편
(2) parents 부모
(3) wife 아내
(4) daughter 딸
(5) boy 소년

3
서로 반대되는 말이에요 3 

B (1) high (2) same (3) thick

C (1) different 다른
(2) rich 부유한
(3) low 낮은
(4) young 어린, 젊은
(5) thin 얇은

4
서로 반대되는 말이에요 4 

B (1) quiet (2) dry (3) true

C (1) right 옳은, 정확한
(2) wet 젖은
(3) quiet 조용한
(4) near 가까운
(5) false 거짓인

5
서로 반대되는 말이에요 5 

B (1) inside (2) together (3) up

C (1) down 아래로
(2) early 일찍
(3) alone 혼자
(4) up 위로
(5) outside 밖에

Chapter 6 ⋮ **사이트워드**

1
1부터 10까지 세어요 

B (1) two (2) nine (3) seven

C (1) one 1, 하나
(2) three 3, 셋
(3) six 6, 여섯
(4) eight 8, 여덟
(5) ten 10, 열

2
큰 수를 세어요 

B (1) thirteen (2) forty (3) hundred

C (1) eleven 11, 열하나
(2) twenty 20, 스물
(3) fourteen 14, 열넷
(4) thirty 30, 서른
(5) thousand 1000, 천

9 한눈에 읽어요 1

p. 176

B (1) now (2) later (3) alright

C
(1) then 그때
(2) soon 곧
(3) hello 안녕, 여보세요
(4) yes 예
(5) no 아니오

10 한눈에 읽어요 2

p. 178

B (1) the (2) but (3) because

C
(1) and 그리고
(2) every 모든
(3) while ~하는 동안
(4) or 또는
(5) also 또한

11 무언가를 가리켜요

p. 180

B (1) that (2) much (3) all

C
(1) this 이것
(2) these 이것들
(3) those 저것들
(4) many (수가) 많은
(5) both 둘 다

12 다른 단어를 대신해요 1

p. 182

B (1) I (2) he (3) she

C
(1) my 나의
(2) your 당신의, 너의
(3) his 그의
(4) her 그녀의
(5) me 나를

13 다른 단어를 대신해요 2

p. 184

B (1) they (2) we (3) it

C
(1) us 우리를
(2) them 그들을
(3) it 그것
(4) their 그들의
(5) is ~이다, 있다

14 많이 쓰는 동사예요

p. 186

B (1) go (2) give (3) put

C
(1) become 되다
(2) come 오다
(3) have ~을 가지다
(4) make ~을 만들다
(5) take ~을 가져가다

best
2
1
3